外国語学習と
コミュニケーションの心理

研究と教育の視点

Psychology of Foreign Language Learning and Communication

八 島 智 子 著

関西大学出版部

【本書は関西大学研究成果出版補助金規程による刊行】

序

　本書には、「外国語学習とコミュニケーションの心理」というタイトルをつけました。ここには少なくとも、外国語学習、コミュニケーション、心理という3つの要素が入っています。これは、この問題を考える上で、3分野が関連することを示唆します。まず外国語の習得・学習に関わる分野である第二言語習得論（SLA、応用言語学の中の一分野）です。そして文字どおり、コミュニケーション学と心理学です。

　言語習得とは、言語を用いて社会・文化に参加できるようになること、つまりコミュニケーションができるようになること、その言語で生きること、その言語でコミュニケーションを通して文化的実践に参加していくことです。本書では、言語を習得することとコミュニケーションは切り離せないものであるという立場から、外国語の習得及び学習とコミュニケーションにおける心理について考えます。また、その議論を踏まえて外国語教育への示唆も論じます。

　本書は2004年に上梓した「外国語コミュニケーションの情意と動機」の改訂版です。前書を踏襲し、第二言語習得論（SLA）の中で扱われる外国語学習の動機づけや外国語でコミュニケーションを行うときの不安など心理的側面について解説し、研究を紹介するとともに研究の成果がどう実践に影響するかを示していきます。さらにこの15年に蓄積された新たな研究の成果を付け加えていきます。SLAはその学問的成り立ちから言語学や心理学と強い関係がありますが、特に動機づけや不安の研究はまさに学習者の心理を分析する領域です。また外国語でのコミュニケーションには、対人コミュニケーションなどコミュニケーション学で研究されてきたことが深く関わりますし、さらには、外国語を使う多くの場面で異文化接触が起こりますので、異文化コ

ミュニケーション論の視点も必要となります。最近の SLA は、以前の認知的アプローチを中心とした研究から、より社会・文化的なアプローチへと広がりを見せ、異文化接触や他者とのインターアクションの中で言語の使用と習得を分析する傾向が強くなっています。つまりコミュニケーションが SLA のセンターステージに躍り出て来たという印象を私は持っています。それゆえ SLA や外国語教育がめざすコミュニケーションとはどういうものなのかを、以前に増して深く考える必要があると言えるでしょう。この意味でコミュニケーション学や異文化接触研究との関わりはますます深くなっていると感じています。

　本書の導入となる第 1 章と 2 章では、SLA（主に外国語の学習および教育）と心理学、及びコミュニケーション学がどう関係するのかを、理論的にまた研究の系譜をたどりながら見ていきます。その中で、外国語コミュニケーション研究という学際的な視座を持つことの意義を考えます。第 3 章では、外国語でコミュニケーションをするときに問題となる「不安」という心理を扱います。第 4 章では、コミュニケーションの観点から、ことばを学習する動機について考えます。過去 10～15 年に研究が急増したことを踏まえ、研究の歴史をたどり、最近の状況を紹介します。第 5 章では、SLA 研究の中では比較的新しいものの、特にアジアを中心に関心の高い、「Willingness to communicate（WTC）」という心理要因について、研究の動向を見ていきます。第 6 章は、異文化接触研究を概観しつつ、異文化接触の場で第二言語を使う際に学習者が直面する、アイデンティティの問題を中心に考えます。第 7 章は、本書全体を踏まえて、教育的な示唆をまとめます。

　「外国語でコミュニケーションをする」ということを探求する中で、人間のコミュニケーションへの理解を深めることができると信じます。第二言語（外国語）で話すときには、第一言語（母語）で話すときに意識しなかったよう

な複雑さや難しさを経験します。それゆえ意思疎通がスムーズに行われているときには見えなかったことが見えるようになるのです。様々な議論を通して、SLA、コミュニケーション学、心理学の交差するところにある、外国語コミュニケーション研究の視座を提供し、この観点から外国語教育について考えることができれば幸いと存じます。

　用語については、「外国語」と「英語」、「第二言語」と「外国語」について次のよう使い分けます。

外国語と英語について

　私は英語教育に関わっているので、本書でも日本人が英語を使うことに関する議論が中心となりがちですが、実際、引用している研究や例は英語を用いたコミュニケーションに限りません。そこでさまざまな言語について共通して言えることに関しては「外国語」ということばを用いますが、英語に関する個別性の高い点については、「英語」を用いています。

第二言語・外国語について

　次に第二言語・外国語の使い分けですが、人が最も自由に使えることばでないことば、多くの場合、母語を習得した後に学習を開始した言語を第二言語と呼びます。日常的に社会で使われていない言語を外国語と呼びますが、外国語を学習するとそれはその人にとって第二言語となります。

　また、専門用語について、定訳がないものや、日本語では流通していないものも多いので、英語から翻訳した用語については、「文化化（enculturation）」のように原語を示しました。また引用について必要と感じたものは、原則として日本語で訳を書き（　）に原文を加えました。また、分野の性格上、英文の論文・著書の引用が多くなりましたが、その際、カタカナ表記に続いて

「ドルニェイ（Dörnyei, 2005）」というように、英語名を示しました。

　引用や統計資料、追加情報など本文中に納めにくいものについては、アイコンで示して、囲み記事（例 Box 1）としました。英語で論文を書く予定のある大学院生の便宜を図って、本文の説明の補足として原著の引用を載せている場合もあります。囲み記事の中では、英文の論文名や著者名を、カタカナ表記でなくアルファベットで書いています。

　本書の出版は関西大学研究成果出版補助金の支援を受け可能となりました。心より感謝いたします。

　2018年　春

八　島　智　子

目　　次

序

第1章　外国語コミュニケーションの心理と第二言語習得論（SLA）…… 1

　1．SLA と言語教育に影響を与えた心理学的背景……………………… 1

　　1.1 行動主義心理学とオーディオ・リンガルアプローチ……………… 2

　　1.2 認知主義心理学（cognitive psychology）……………………………… 3

　　1.3 ヒューマニスティック・アプローチの心理学……………………… 5

　　1.4 ソーシャル・ターンと社会文化的アプローチ……………………… 6

　　1.5 その他のアプローチ…………………………………………………… 9

　2．SLA や外国語教育におけるコミュニケーション能力の考え方……… 12

　　2.1 コミュニカティブ・コンピテンス（言語運用能力）という概念…… 13

　　2.2 キャナールとスゥエインのコミュニカティブ・コンピテンスの

　　　 枠組み…………………………………………………………………… 15

　　2.3 バックマンとパーマーのコミュニカティブ言語能力……………… 18

　　2.4 母語話者の能力を基準としないコンピテンスの考え方………… 19

　3．外国語コミュニケーションという視座……………………………… 20

　　3.1 自己呈示としての第二言語コミュニケーション………………… 20

　　3.2 第二言語コミュニケーションという視座：その必要性と研究の

　　　 意義……………………………………………………………………… 22

　Discussion…………………………………………………………………… 23

第2章　コミュニケーションとは何か？ コミュニケーション学は
SLA や外国語教育にどう関わるのか……………………………… 25

1．コミュニケーションの定義……………………………………………… 25

2．コミュニケーションと文化……………………………………………… 29

　2.1 パワー、コンテキストとコミュニケーション……………………… 29

　2.2 社会化とコミュニケーション………………………………………… 29

　2.3「異なった他者（dissimilar others）とのコミュニケーション」

　　　としての外国語コミュニケーション………………………………… 30

3．異文化コミュニケーション能力（ICC）……………………………… 32

　3.1 異文化コミュニケーション能力構成要素の研究…………………… 32

　3.2 異文化コミュニケーション能力（ICC）の文化一般的側面と

　　　文化特殊的側面………………………………………………………… 35

4．異文化コミュニケーション能力（ICC）と外国語運用能力の関係に

　　ついて…………………………………………………………………… 36

　Discussion………………………………………………………………… 41

第3章　外国語コミュニケーションと不安……………………………… 43

1．心理学で扱われる不安…………………………………………………… 44

　1.1 特性不安と状態不安…………………………………………………… 44

　1.2 不安と行動……………………………………………………………… 45

2．コミュニケーション不安………………………………………………… 46

　2.1 コミュニケーション不安の原因……………………………………… 47

　2.2 コミュニケーション不安の影響……………………………………… 49

　2.3 コミュニケーション不安の測定……………………………………… 50

　2.4 日本人の不安は高いのか：日本人のコミュニケーション不安と

　　　行動的特徴……………………………………………………………… 52

　2.5 コミュニケーション不安の緩和法…………………………………… 53

2.6 第一言語使用時と第二言語使用時のコミュニケーション不安⋯⋯ 54

3. 外国語の学習に関わる不安 ― Language Anxiety ―⋯⋯⋯⋯⋯⋯ 55

　3.1 外国語不安研究の意義⋯⋯⋯⋯⋯⋯⋯⋯⋯⋯⋯⋯⋯⋯⋯⋯⋯⋯ 55

　3.2 外国語不安の生起過程⋯⋯⋯⋯⋯⋯⋯⋯⋯⋯⋯⋯⋯⋯⋯⋯⋯⋯ 57

　3.3 外国語不安と他の不安⋯⋯⋯⋯⋯⋯⋯⋯⋯⋯⋯⋯⋯⋯⋯⋯⋯⋯ 58

　3.4 外国語不安の測定⋯⋯⋯⋯⋯⋯⋯⋯⋯⋯⋯⋯⋯⋯⋯⋯⋯⋯⋯⋯ 60

　3.5 外国語不安と習熟度⋯⋯⋯⋯⋯⋯⋯⋯⋯⋯⋯⋯⋯⋯⋯⋯⋯⋯⋯ 61

　3.6 教科としての外国語学習と不安⋯⋯⋯⋯⋯⋯⋯⋯⋯⋯⋯⋯⋯⋯ 62

　3.7 不安を緩和する学習環境の創設⋯⋯⋯⋯⋯⋯⋯⋯⋯⋯⋯⋯⋯⋯ 65

　3.8 技能別不安の研究⋯⋯⋯⋯⋯⋯⋯⋯⋯⋯⋯⋯⋯⋯⋯⋯⋯⋯⋯⋯ 68

　3.9 最近の外国語不安研究⋯⋯⋯⋯⋯⋯⋯⋯⋯⋯⋯⋯⋯⋯⋯⋯⋯⋯ 68

4. 異文化接触の不安⋯⋯⋯⋯⋯⋯⋯⋯⋯⋯⋯⋯⋯⋯⋯⋯⋯⋯⋯⋯⋯⋯ 69

Discussion⋯⋯⋯⋯⋯⋯⋯⋯⋯⋯⋯⋯⋯⋯⋯⋯⋯⋯⋯⋯⋯⋯⋯⋯⋯⋯ 71

第4章　外国語学習の動機とコミュニケーション⋯⋯⋯⋯⋯⋯⋯⋯⋯ 73

1. 外国語学習動機づけの定義⋯⋯⋯⋯⋯⋯⋯⋯⋯⋯⋯⋯⋯⋯⋯⋯⋯⋯ 74

2. 外国語学習動機研究の系譜⋯⋯⋯⋯⋯⋯⋯⋯⋯⋯⋯⋯⋯⋯⋯⋯⋯⋯ 75

3. 社会心理学的な動機づけ研究アプローチ⋯⋯⋯⋯⋯⋯⋯⋯⋯⋯⋯⋯ 78

　3.1 ガードナーの研究と「統合的動機」⋯⋯⋯⋯⋯⋯⋯⋯⋯⋯⋯⋯ 78

　3.2 多文化社会における第二言語習得動機づけ研究：クレマンの

　　　研究⋯⋯⋯⋯⋯⋯⋯⋯⋯⋯⋯⋯⋯⋯⋯⋯⋯⋯⋯⋯⋯⋯⋯⋯⋯ 80

　3.3 民族言語バイタリティ（ethnolinguistic vitality）⋯⋯⋯⋯⋯⋯ 80

　3.4 社会心理学的な研究その後⋯⋯⋯⋯⋯⋯⋯⋯⋯⋯⋯⋯⋯⋯⋯⋯ 81

　3.5 日本のEFL状況における社会心理学的な研究⋯⋯⋯⋯⋯⋯⋯⋯ 83

　3.6 国際的志向性⋯⋯⋯⋯⋯⋯⋯⋯⋯⋯⋯⋯⋯⋯⋯⋯⋯⋯⋯⋯⋯⋯ 85

4．教育心理学における動機づけの理論と研究のアプローチ
（認知・状況期）··· 86

4.1 期待価値理論（expectancy-value theories）··············· 86

4.2 目標理論（Goal-Theories）······························· 90

4.3 自己決定理論（Self-determination Theory）··············· 91

4.4 教育心理学的な理論を用いた動機づけ研究からプロセス
重視期へ··· 94

4.5 動機づけストラテジー··································· 96

5．社会的・ダイナミックな動機づけ研究へ······················· 99

5.1 コンテキストの中の人：関係性から動機づけをみる立場
（Person-in-context relational model）····················· 100

5.2 L2 動機づけ自己システム論（L2 Motivational Self System）····· 100

5.3 アイデンティティへの投資として動機づけ··············· 105

5.4 複雑系理論から見た動機づけ（CDST）··················· 107

6．アイデンティティと動機づけ：まとめにかえて··············· 109

Discussion·· 112

第5章　L2 WTC　第二言語でコミュニケーションを開始する
傾向··· 115

1．L2WTC 研究の系譜··· 115

2．L2WTC モデルとその後の研究の発達··························· 116

2.1 ピラミッド型 L2WTC モデル······························· 116

2.2 WTC 研究の地域的広がり································· 120

2.3 国際的志向性··· 121

2.4 L2WTC の質的研究······································· 128

2.5 複雑系を取り入れた WTC 研究·· 129

2.6 アジアにおける沈黙と WTC·· 130

3．L2WTC を伸ばす実践とスタディ・アブロードの効果················ 133

Discussion·· 136

第 6 章　異文化接触における第二言語使用とアイデンティティ······ 139

1．異文化接触と言語能力·· 139

2．異文化接触とコミュニケーション・スタイルの齟齬·················· 141

3．異文化における言語の習得とアイデンティティ························· 143

4．多文化社会での第二言語使用とアイデンティティ····················· 147

4.1 カナダにおける第二言語とアイデンティティの研究··············· 147

4.2 在日外国人の言語とアイデンティティ研究···························· 150

5．異文化コミュニケーションの社会心理学································· 152

5.1 接近・回避傾向（approach avoidance tendency）···················· 152

5.2 エスノセントリズム（ethnocentrism）································ 153

5.3 ステレオタイプとコミュニケーション······························· 154

5.4 開放性（openness）·· 155

5.5 バイカルチュラリズム··· 156

5.6 コミュニケーション調整理論

（communication accommodation theory）··························· 157

5.7 コード・スイッチング（code-switching）···························· 160

6．言語とパワー·· 161

7．文化内の多様性と弁証法的アプローチ······························· 162

Discussion·· 165

第7章　コミュニケーションと外国語教育：教育実践への展望……167

　1．コミュニカティブ・アプローチ………………………………………168

　　1.2 コミュニカティブなシラバスの編成………………………………168

　　1.3 教授法・教材の選定…………………………………………………170

　2．コンテント・ベースの教育（CBLT）と内容言語統合型学習

　　（CLIL）……………………………………………………………………172

　　2.1 CBLT、CLIL の定義と分類…………………………………………172

　　2.2 イマージョン型を中心とする CBLT の理論的基盤………………174

　　2.3 異文化への移動と継承語教育………………………………………177

　　2.4 日本における英語による科目教育の実践例と可能性……………178

　3．日本人がめざすべきコミュニケーション能力を巡って……………181

　　3.1 L2 のコミュニカティブ・コンピテンスは母語話者がモデルで

　　　あるべきか………………………………………………………………181

　　3.2 伝える内容・伝えたいという気持ちと伝えるための運用能力…186

　4．L2 コミュニカティブ・コンピテンスとパフォーマンスの涵養…187

　　4.1 対人関係の能力と議論・交渉の能力………………………………188

　　4.2 対人関係形成の能力…………………………………………………190

　　4.3 学術・議論・交渉のための能力……………………………………194

　　4.4 世界に響く *voices* を創る……………………………………………196

　Discussion…………………………………………………………………198

注……………………………………………………………………………………199

引用文献……………………………………………………………………………201

第1章　外国語コミュニケーションの心理と第二言語習得論（SLA）

　本書では、外国語でコミュニケーションを行うときの心理、またコミュニケーションをめざして外国語を習得する際の学習者の心理を中心に扱います。導入的な第1章と2章では、SLAと心理学、及びコミュニケーション学がどう関係するのかを、理論的にまた研究の系譜をたどりながら見ていきます。その中で、外国語学習や教育を考える上で、外国語コミュニケーション研究という学際的な視座を持つことにどのような意義があるかを論じます。

　第1章では、まず、第二言語習得論（SLA）という分野が心理学にどのような影響を受け、その中でコミュニケーションをめざす外国語の教育方法がどのように変化してきたのか、次にそういった歴史的な流れの中で「第二言語（外国語）コミュニケーション能力」という概念がどのように発達し、定義されてきたかを明確にした上で、最後に、外国語コミュニケーション研究の枠組みと意義をまとめます。

1．SLA と言語教育に影響を与えた心理学的背景

　本節では、SLA、特にコミュニケーションをめざした外国語教育がどのように発達してきたのか、特に心理学との関係を探ることから始めたいと思います。20世紀の半ばに構造言語学と行動主義心理学を理論的支柱としてオーディオ・リンガル・アプローチという教育方法が台頭します。その方法が徐々に行き詰まってきたころ、認知革命という流れの中で、認知主義的な影響を受けた方法論が導入されます。その中でコミュニカティブ・アプローチも生まれました。また、チョムスキーの生成文法が一つのきっかけとなり、言語を習得することの意味が、条件付けと行動の強化の結果という行動主義的な

考え方から、創造的なプロセスという考え方に移行しました。このように20世紀後半は、基礎理論の変遷により、外国語の習得・学習・教育に対する考え方も大きく変化した時代でした。現在も少しずつ形を変えながら、認知的相互作用論をベースにした認知主義的なアプローチがSLAの主流です。さらに最近ではロシアの心理学者ビゴツキーの社会文化論や、社会学的な批判的アプローチなど関連分野の考え方が次々と導入され、ソーシャル・ターン（social turn, 社会的転回）と呼ばれる潮流も出てきています。SLAの考え方の変化は言語教育にも影響を与えます。どういう人間観のもとでどのような教育方法が提案されたのかを知ることは、外国語の教育に関わる研究者や実践家が、置かれたコンテキストにおいて、最善の方法を見出していくのにも役立つと思います。

1.1 行動主義心理学とオーディオ・リンガルアプローチ

■　行動主義心理学（behaviorism）といえば、条件付け（conditioning）や刺激反応（stimulus-responding）という言葉が思い浮かびます。犬に餌をやるときに必ずベルを鳴らすと、ベルを鳴らしただけで、犬はよだれを垂らします。パブロフという研究者が発見した、刺激と反応理論あるいは条件付けとして知られる現象です。スキナー（Skinner, 1974）は、この考え方を教育・学習に応用し、学習における報酬と罰による強化（reinforcement）の重要性を強調しました。学習とは刺激によって一定の方向に条件づけられていくことだというのです。このような考えの下では、即時フィードバックを与えつつ積み上げ（スモールステップ）方式で教育することが効果的ということになります。また、動機づけは、どのように、効果的に報酬と罰によって強化を進めるのかという「強化のスケジュールの問題」になります。行動主義心理学的な言語教育の代表的なものがオーディオ・リンガル・メソッドです。

このアプローチでは、パターン・プラクティス、集中的発音練習、ダイアログの暗記など習慣の形成が中心となります。LL教室の普及と重なり一時は興盛を極めましたが、やがてオーディオ・リンガル・メソッドは頭を打ちます。長時間パターン・プラクティスの練習を重ねても、「コミュニケーション能力」が育たないということがわかったのです。行動主義心理学では、学習者の能動的な認知活動を無視し、目に見える行動のみに注目します。ここでは学習者の役割は受身的で、機械的です。学習者の認知や感情面に対する関心を払わないこの方法では、真のコミュニケーションは起こりにくいのです。

　しかし、パターン・プラクティスは今もよく使われていますし、学習した文法事項を自動化するなど、目的によっては役に立つと思われます。また小学生や中学生の段階では、何かを達成した時にもらえるシールなどの報酬は学習者の意欲を高めますし、頻繁な学習成果の確認も動機づけを持続させるには有効です。

1.2 認知主義心理学 (cognitive psychology)

　やがて人間の外から見える行動だけに注目した行動主義心理学は批判をあび、認知革命が起こり、認知主義的心理学の時代に入ります。これを、「わかる」の反撃と表現した研究者がいます（佐伯, 2004）。人間はわかろうとしている、仮説を作りながら積極的に意味を作りだそうとする、人間には知識を作ろうとする傾向があると言うのです。人間の認知的な活動に注目した認知主義心理学にはいくつかのアプローチがありますが、その一つが情報処理心理学的アプローチです。この考え方のもとでは、人間がいかに情報を取り込み、処理するかに注目します。その結果ワーキング・メモリなどの研究が進みます。情報処理的な用語である「入力・処理・出力」が人間の言語についても使われるようになります。また、ピアジェ（Piaget, 1974）やブルーナー

（Bruner, 1960）の構成主義的アプローチも言語教育に影響を与えました。ここでは知識とは問題解決や理解活動の産物なのだと、つまり個々の人により構成されるものだと考えます。また人は新たに得た情報について今まで獲得した知識との整合性を求めます。つまり学習者は受身的に知識を吸収するのでなく、自ら知識を構成していく能動的な存在だと考えるのです。こういう中で人の頭の中で構造化された知識であるスキーマや、学習者が主体的に使う学習方略の研究も進みました。一方、チョムスキー（Chomsky, 1965）の生成文法は、言語習得を条件付けと行動の強化の結果とする行動主義を批判し、人間の持つ創造的な能力、つまりこれまでに聞いたことのない無数の文を生成することを可能にする能力に注目しました。この能力を言語に特化した生得的なものと考え、この人が頭の中に持っている文法規則を解明しようとしたのです。この時期のチョムスキーの考え方は SLA や外国語教育方法にかなりの影響を与えました。

　1980年ごろから現在に至るまで SLA の中心となっているアプローチは、ピアジェ（Piaget, 1974）に代表される学習観を基礎とした考え方で「認知的相互作用論」と呼ばれるものです（Ortega, 2009）。これは、人間の認知活動を環境や認識対象との相互作用として捉え、その相互作用の結果として知識が成立・発達していくと考えるものです。主体的で能動的な学習者像を想定し、学習者の中（認知）と学習者の外（環境）の相互作用で言語習得がおこると考えます。SLA の表現ではインプット・インターアクション・アウトプット（Input-Interaction-Output）を中心とした考え方ということになります。このため1980年〜1990年頃を中心に、文法的特徴への気づき（noticing and attention）、意味の交渉（negotiation of meaning）が習得に与える影響への研究が主流となっていきます。

　以上述べたように、認知主義的な SLA では、学習は創造的なプロセスであ

り学習者が意味を見出していくプロセスと考えます。それゆえ、わかりたい、知りたいと思う人間の特徴にうったえるような活動が効果的と言うことになります。例えば、自分の伝えたい意味を伝える活動、スキーマ（背景知識）を利用した活動、問題解決、理解活動を中心としたタスクなどです。さらにタスクベース、コンテント・ベースト・アプローチなど、いわゆるコミュニカティブ・アプローチに影響したのです。

1.3 ヒューマニスティック・アプローチの心理学

　学習者の動機づけや感情を扱う本書では、ウイリアムとバーデン（William & Burden, 1997）に習い、ヒューマニスティック・アプローチの心理学の影響を考えます。その特徴は、全人格的なアプローチを取り、発達における個人の思考・感情の影響に注目し、個人のアイデンティティに配慮するということです。不安や自尊心など学習者の感情にも配慮します。ヒューマニスティック・アプローチを代表する研究者としては、人間の欲求の階層を提案したマズロー（Maslow, 1970）が挙げられます。人間の欲求には存在欲求と欠乏欲求があり、上層に自己実現の欲求、美的な欲求、認知的欲求、自尊心をもつ欲求などの「存在欲求」を、下層には、対人関係的親密性をもつことへの欲求、安全への欲求、生物的欲求（食べること、眠ることなど）など、「欠乏欲求」を想定します。彼の考え方では、欠乏欲求が満たされないと、存在欲求は開拓されないとします。第3章で紹介する動機づけの理論では、人間の欲求が満たされるかどうかに関連したもの（例：自己決定論）も紹介しますが、マズローの理論は後の欲求を基礎とした心理学に影響を与えます。ロジャーズ（Rogers, 1969）もまた、学習者の認知だけでなく、感情をも巻き込むことや学習者にとって意味のある内容提示の重要性を唱えた人です。

　ヒューマニスティック・アプローチの心理学の考え方は外国語教育にも影

響を与えてきました。一言で言うと学びの質を決めるのは、学習者の心と人間関係になります。その教育への示唆についてウイリアムとバーデンが簡潔にまとめているので Box1-1 で紹介します。

— 🏆 Box1-1 ヒューマニスティック・アプローチの教育の特徴（William & Burden, 1997, p.38）—

■ 帰属意識を育てる（Create a sense of belonging）

■ 教育内容を学習者に関係したものにする（Make the subject relevant to the learner）

■ 全人格的な関わりをめざす（Involve the whole person）

■ 自分を知ることが大事とする（Encourage the knowledge of the self）

■ 個人のアイデンティティを育てる（Develop personal identity）

■ 自尊感情を大切にする（Encourage self-esteem）

■ 感情を巻き込む（Involve the feeling and emotions）

■ 批判は最少に（Minimize criticism）

■ 学習プロセスを意識させる（Develop a knowledge of the process of learning）

■ 自発的な学習を支援する（Encourage self-initiation）

■ 選択肢を与える（Allow for choice）

■ 自己評価を勧める（Encourage self-evaluation）

1.4 ソーシャル・ターンと社会文化的アプローチ

ブロック（Block, 2003）やオルテガ（Ortega, 2009）が指摘するように、インプット・インターアクション・アウトプットで代表される SLA の分野に1990年の中頃からソーシャル・ターンという潮流が起こってきました。同様

の現象は心理学などの関連分野でも見られます。これは、「単独の人間の認知や感情をコンテキストから切り離して分析する傾向から、社会と切り離せないものとしてみる方向への展開」と一般化できると思います。ここでは SLA におけるソーシャル・ターンを見ていきます。そして、その潮流が外国語のコミュニケーションを考える時にどのような影響があるかを考えます。ソーシャル・ターンは社会科学や人文科学における複合的な影響が運んできたもので、何か一つの源に還元することはできません。しかし、SLA への影響の大きさから、まずビゴツキー（Vygotsky）の社会文化論に代表される学習観の影響から見ていきます。

　ビゴツキーの社会文化論では、人間の認知は時期が来ると自然に発達するというより、社会的相互作用によって構成されていくものと考えます。また、子供の認知的発達には周りの人々や様々な道具（例えば言語）の媒介が不可欠と考えます。例えば親が子供に働きかける言葉（社会的言語、social speech）が内化し、内なる言葉（inner speech）として子供の思考を助けると考えます。これは、最初は他者の援助を得てできていた認知的な制御を自分で制御できるようになる発達のプロセスと見ることもできます。情意面では上淵（2004）が社会文化論的アプローチからみた動機づけについて次のように書いています。

　　　大人との対話や支援による、行動の統制や問題の解決を、子供はしだいに内化していき、最終的には単独で行動の統制が行えるようになる。この際に、子供は精神内における対話によって、行動の制御や統制を行うと考えられている（上淵 2004, p.111）。

　人が、何か難しいことをする時などに「うーんこれどうするかな」などと声に出して考えることがよくありますが、これは自己制御をしているのです。SLA では、この時の思考の媒介となる発話（private speech）に注目する研

究がよく見られます。言語習得の度合いによって媒介する言語（L1 あるいは L2）、またその方法が変わってくるところに注目するのです（詳しくは、Lantolf & Thorne, 2006）。一方、スゥエイン（Swain & Watanabe, 2012）は、他者に対して考えを言語化することによって起こる学びに注目し、ペアワークなどで、学習者が文法項目や語彙について議論する中で、より深い言語の解釈や理解につながる様子を分析します。スゥエインはこの認知的な役割をもつ社会的発話をランゲージング（languaging）と呼び研究対象としています。

　また、ビゴツキー（Vygotsky, 1978）による社会文化論の重要な概念として、「発達の最近接領域（zone of proximal development, ZPD）」があります。（定義は Box1-2 を参照）これは、子供が独力でやりとげることができるレベルと、教師など他者の援助によって達成できるレベルとの差のことです。つまり ZPD は子供の次の発達段階を示すものなのです。この考え方に基づくと、第二言語や外国語の学習においても次の発達段階に目を向けた指導が可能となります。今日子供が親や先生や友達と一緒にできることは、明日1人でできるようになるという考え方は、共同学習の理論的支えにもなっているようです。

　第3章で紹介する外国語学習の動機づけ研究においても、ソーシャル・ターンの影響が見られます。

┌─ 🏆 Box1-2 最近接発達領域　The Zone of Proximal Development（ZPD）─

「子供がある課題を独力で解決できる知能の発達水準と、大人の指導や自分より能力のある仲間との共同でなら解決できる知能の発達水準のへだたりをいう」（中村和夫, 2004, p.11）

"… the distance between the actual developmental level as determined by independent problem solving and the level of potential development as determined through problem solving under adult guidance or in collaboration with more capable peers" (Vygotsky, 1978, p.86)

　以上のように、認知的発達を社会的なものと考えるのが社会文化論ですが、学びは他者とのコミュニケーション（対話）を通して実現するという意味でコミュニケーションを中心に考える本書の方向性と一致しています。次にソーシャル・ターンという潮流に関係する、社会文化論以外のアプローチについて見て見ましょう。その中でチョムスキーの生成文法に基づく言語習得理論に代わるアプローチとして、トマセロの使用基盤モデル（Usage-based theory, Tomasello, 2003）の考え方を紹介します。

1.5　その他のアプローチ

　ソーシャル・ターンの潮流に乗って SLA にもたらされた様々なアプローチは、それぞれ異なった理論的背景を持ちつつ SLA の研究を多様で豊かなものにしたと考えることができます（Atkinson, D., 2011; Ortega, 2009）。言語は人間が他者とつながっていくためにあるものであること、その意味で言語は根源的に社会的なものであること、人は言語を用いてコミュニティに参加していくのだということを改めて認識させてくれるのです。この意味で、SLA は極めてコミュニケーション論的になったと言えるのではないでしょうか。

　新たなアプローチの一つがノートン（Norton, 2000）による「アイデンティティ・アプローチ」です。ノートンはアイデンティティを「自分と社会との関係をどう理解するか、その関係を時と空間を越えてどのように築くのか、そして未来の可能性をどう考えるか」("how a person understands his or her relationship to the world, how that relationship is constructed across time and space, and how the person understands the possibilities of the future")（p.5）と定義し、それは言語実践の中で意識され作られていくと考えます。私たちがことばを発する時、単にメッセージを送っているだけではなく、同時にアイデンティティの交渉をしているのです。彼女は、移民の女性の言語習得過程を研究する中で、社会での力関係がいかに学習者の目標言語コミュニティへのアクセスを制限するかに注目します。どんなに学習意欲があっても社会の中で言語を使う機会は自動的には生じないということを問題としました。しかし、社会の中でより有利な位置取りをするというアイデンティティのオプションもあり、第二言語を使って新たなコミュニティに参加することもできます。その意味で人間のエイジェンシー（agency）の可能性も見せようとしました。社会学的で批判的な観点からのSLAへのアプローチと言えます。

　複雑系理論の影響を受けたアプローチ（Larsen-Freeman, 2011）では、言語も人もコミュニティもそれぞれがダイナミック・システムであると同時に、より大きなシステムの一部を構成すると考えます。システムの部分は、それぞれが変化すると同時に他の部分と複雑に相互作用をします。システムの一部の変化は他の部分の変化を引き起こします。システムの動きには一定のパターンが生まれますが、それは特定できる限られた変数によって予測できるものではありません。例えば、ダイナミック・システムである気象には一定のパターンが見られ、ある程度の予報ができます。しかし、ほんの少しの温度の上昇で雲や風の動きが変化し、大きな天候の変化を引き起こすこともあります。ラーセン・フリーマン（Larsen-Freeman, 2011）によると、言語は「使うことによって生まれるパターンで常に変化するもの」（"dynamic set of patterns emerging from use"）（2011　p.52）であり、使用頻度が多く、確実

に、安定的に起こるものは、個人の神経回路の中で自動化し、文法パターンとして沈殿するとします。この意味で、文法はコミュニケーションを通して、パターンを認識することにより、帰納的に習得されるという使用基盤モデルの考え方（Tomasello, 2003; Ellis & Larsen-Freeman, 2009）に繋がります。ここでは生得的な文法能力を想定せず、文法能力は、コミュニケーションの中で使ううちにボトム・アップに生まれてくると考えるのです。複雑系の考え方に基づくと、第二言語の発達の研究においても、動機づけなど情意分野の研究においても、その発達を単純な因果関係によって説明できないと考えます。様々なレベル（例えば個人、コミュニティ、環境など）において、要因が複雑に影響しあうことによって、またレベル間でも相互作用が起こると考えます。あるいは接触する人間同士、人間とコンテキストが相互に適応し合うことで、人間にもコンテキストにも変化が生まれる様子などに注目します。このアプローチの動機づけ研究への影響は第3章に譲りますが、動機づけなど情意分野の研究には大きな影響があったアプローチです。

　これ以外にも、言語社会化アプローチ（Duff & Talmy, 2011）、社会認知的アプローチ（Atkinson, 2011）なども提案されていますが、こういったSLAの考え方の拡大は、言語教育においても多様な方法の可能性があることを示唆します（詳しくは、Atkinson, 2011）。ただ、人と人との真のコミュニケーションを基本にし、意味に注目したコミュニカティブ・アプローチの基本的方向性は大きくは変わっていないと言っても良いでしょう。ひとつ特徴が付け加わるとすれば、言語習得の社会的側面にもっと注目していくという方向性です。学びは他者とのコミュニケーション（対話）を通して実現するということ、生徒同士の対話であったり、教師と生徒の対話、さらには学習者とテキストとの対話など、教室を多様な対話が生じる場として捉えるということでしょう。そしてこの方向は、言語はコミュニケーションなしには発達し

ないという使用基盤モデルの考え方とも一致するのです。

　これまで主に言語習得のプロセスとしてのコミュニケーションを考えましたが、次に SLA や外国語教育の目的としてのコミュニケーションを考えます。つまり学習・教育の目的となるコミュニケーション能力とはどういうものなのか、その意味や構成要素はどのように捉えられてきたかについて考えます。

2．SLA や外国語教育におけるコミュニケーション能力の考え方

　外国語教育実践の現場においてコミュニケーションという用語は、伝統的な文法中心の訳読による教育に対して、生徒が実際に言語を運用する練習を通して、運用能力をめざすというような意味に用いられることが多いようです。時に、読み書きでなく、音声言語中心の学習や、母語話者による会話のレッスンなど特定の活動を指すなど、厳密な定義をすることなく使われている感じは拭えません。

　SLA や外国語教育学において伝統的には、コミュニケーションとは「伝達」という意味で使われてきたようです。たとえば、文法的に正しいことを指す文法性（grammaticality）に対して、話者が実際にその文を用いて意味を伝達できるかどうかを判断する観点を伝達可能性（communicability）というときの使い方です。実際の言語使用では、文法的であっても伝達性が低かったり、文法規則から逸脱していても伝達が可能であったりします。前節でコミュニカティブ・アプローチが導入される系譜を見ましたが、コミュニカティブ・アプローチにおいては、文法重視から伝達行動を重視する方向に転換していったといえます。このような歴史的経緯もあり、SLA において、「コミュニケーション」は、文法性に対比して「第二言語で意図された意味を理解したり、意図した意味を相手に伝達する」という意味合いで使われることが多

いようです。

　次に第二言語でのコミュニケーションを可能にする能力である、コミュニカティブ・コンピテンス（第二言語運用能力）について見ていきます。

2.1 コミュニカティブ・コンピテンス（言語運用能力）という概念

　SLA や外国語教育学において「コミュニカティブ・コンピテンス」は、意図した内容を正確に理解し伝達することを可能にする言語運用能力を意味します。そこで、「L2 コミュニカティブ・コンピテンス」という概念発達の系譜を簡単にたどった上で、その構成要素がどのように理論化され、それが外国語教育実践にどのように影響を与えてきたかについて紹介します。

　まずコミュニカティブ・コンピテンスと言う表現ですが、これはチョムスキーの言う「コンピテンス」から来ています。チョムスキー（Chomsky, 1965）は、理想的な話し手・聞き手が内蔵する文法知識を "competence" と呼び、具体的な場面における言語使用である "performance" と区別し、前者を自らの研究の対象としました。実際の言語使用において、人は注意散漫、疲労、記憶の限界などの心理的、生理的制約など様々な社会的・環境的影響を受け、言いよどみ、文法規則の逸脱などがおこるので、言語運用は言語能力をそのまま反映しないと考え、そういった心理要因や環境に影響を受けない純粋なコンピテンスを取り出そうとしたのです。チョムスキーのいうコンピテンスの理論は、人が文法的な文を生成することを可能にする抽象的な言語規則の解明に関わるものです。一方、人類学者のハイムズ（Hymes, 1972）は、コミュニカティブ・コンピテンス（communicative competence）という概念をもって発話の文法性だけでなく、その場に適切かどうか（appropriateness）という観点の重要さを唱えたのです。場に応じた適切な言語使用のためには、自ずと社会文化的な知識が必要となります（それぞれ原著からの引用は Box1–

第1章　外国語コミュニケーションの心理と第二言語習得論（SLA）

3、Box1-4 を参照してください）。

♟ Box1-3 コンピテンスとパフォーマンス（Chomsky, 1965）

"Linguistic theory is concerned primarily with an ideal speaker-listener, in a completely homogeneous speech community, who knows its language perfectly and is unaffected by such grammatically irrelevant conditions as memory limitation, distractions, shifts of attention and interest, and errors (random or characteristic) in applying his knowledge of the language in actual performance." (Chomsky, 1965, p.3)（言語理論は、全く等質なスピーチコミュニティーにおいて、完璧な言語知識をもつ理想的な話し手・聞き手に関するものである。その理想的な話し手・聞き手は、記憶の限界や注意散漫、注意や興味のシフト、間違いなど、言語知識を実際のパフォーマンスに応用する際に生じる、文法とは関係のない条件に影響を受けないものと考える。）

♟ Box1-4 子供の持つコンピテンスについて　Hymes（1972）

"We have then to account for the fact that a normal child acquires knowledge of sentences, not only as grammatical, but also as appropriate. He or she acquires competence as to when to speak, when not, and as to what to talk about with whom, when, where, in what manner. In short, a child becomes able to accomplish a repertoire of speech acts, to take part in speech events, and to evaluate their accomplishment by others." (Hymes, 1972, 277-278)
（私たちは、正常な子供は文が文法的に正しいかどうかを判断するだけでな

く、それが適切かどうかを判断する知識を習得するという事実を説明しなければならない。子供は、いつ話すのか、いつ話さないのか、何について、誰と、いつ、どこで、どのような様式で話すのかということに関するコンピテンスを習得する。つまり、子供は発話行為のレパートリーを習熟し、発話イベントに参加し、他者の行動を評価できるようになるのである。)

2.2 キャナールとスゥエインのコミュニカティブ・コンピテンスの枠組み

SLA においてコミュニカティブ・コンピテンス理論化の試みを初めて行ったのが、キャナールとスゥエイン (Canal & Swain, 1980) です。彼らが明確にしようとしたのは、(1)コミュニカティブ・コンピテンスと文法的コンピテンス (grammatical competence) の関係をどう考えるか、及び(2)コミュニカティブ・コンピテンスと コミュニカティブ・パーフォーマンスの区別をすべきかどうかという点でした。上記(1)については、効果的な伝達行為には、文法知識は必要条件という判断から、文法能力は、コミュニカティブ・コンピテンスに含まれるとしました。そして、この考え方がその後の主流となっています (Canal & Swain, 1980)。この議論を受けて、キャナール (Canal, 1983) が提示した4要素、すなわち、1) 文法能力 (grammatical competence: 文法語彙知識、文法的に正しく言語を使う能力)、2) 社会言語能力 (sociolinguistic competence: 場面に即した適切な言語使用を可能にする知識・能力)、3) 談話能力 (discourse competence: 談話を組み立てるのに必要な知識・能力)、4) 方略能力 (strategic competence: もっている知識を駆使して欠損した知識を補うための方略的知識・能力) を基礎とする枠組みが現在もよく知られています (詳しくは Box1-5)。

第二点目のコミュニカティブ・コンピテンスとコミュニカティブ・パー

第1章 外国語コミュニケーションの心理と第二言語習得論（SLA）

フォーマンスの区別について、キャナールとスゥエイン（1980）においては、研究者による扱いの違いを指摘した上で、意思・意欲（volition）、動機（motivation）、生理的要因（pathology）などをパフォーマンス領域とし、コミュニカティブ・コンピテンス に含めない方針を打ち出しています。キャナール（1983）も、コンピテンスに知識と技術的側面の両方を含むとは考えていますが、意思・意欲、動機、生理的要因などを含めないという考え方を踏襲しています。このように、SLA では、コミュニカティブ・コンピテンスは、パーフォーマンスと区別して使われてきたのです。つまりコミュニカティブ・コンピテンスは「言語の運用を可能にする知識や潜在的能力」と考えられ、一方、コミュニカティブ・パーフォーマンス は、「運用能力の現実場面での表出」と考えることができます。このパーフォーマンスに関わる部分、特に意思、意欲、動機、不安など心理的側面が、本書の対象としていることなのです。

　外国語コミュニケーションの実態を見るためには、意思、意欲、動機やその他の生理的・心理的要因を含むコミュニカティブ・パーフォーマンス の領域まで踏み込むことが必要になります。また、実際には、パーフォーマンスとコンピテンスは明確に区別することが難しいでしょう。コンピテンスはパーフォーマンスとして表出してはじめて観察できるわけであり、またコミュニケーション、すなわちパーフォーマンスを通してコンピテンスが養われるのです。

┌─ 💡 Box1-5 コミュニカティブ・コンピテンスの 4 要素（Canal, 1983）─
│ 1 ）文法能力（grammatical competence）：発話の文字通りの意味を正確
│ 　に理解し、また正確に表現するために必要な知識と技術で、語彙、語形
│ 　成、語順、発音、スペル等、言語の特徴と規則を含む。

2．SLA や外国語教育におけるコミュニケーション能力の考え方

2）社会言語能力（sociolinguistic competence）：参加者の地位、相互作用の目的、慣習や規範などによって様々な社会言語学的コンテキストがあり得るが、コンテキストに応じて発話を理解し、適切な発話をする能力を指す。発話の適切さとは、意味の適切さと形式的な適切さを含む。意味の適切さとは命令、招待など発話のもつ機能、その丁寧さの度合いや、発話の内容がコミュニケーション状況に適しているかどうかという観点である。一方、形式的な適切さとは、使用される言語・非言語の形式が場に適切かどうかという観点である。

　たとえば、相手や場面に応じた依頼、謝罪のしかた、人の誘い方、断り方などができるかといった発話行為の使用能力は、相手に意味が通じるかどうかということを超えた社会的なコンピテンスの領域に入る。英語の場合、日本語のように相手との関係によって形式が固定した敬語はないが、丁寧さはその時その時の人間関係の状況によって自分で調節する必要があり、かえって難しいということもできる。

3）談話能力（discourse competence）：文法能力や社会言語学的能力と一部重なるが、まとまりのある談話を構成するための知識や技術を指す。話ことばでも書きことばでも、意味的にまとまりをもつと同時に、代名詞や同義語、接続詞、省略などを用いて構造的な結束性を持たせることが必要となる。Canal & Swain（1980）では、談話能力は社会言語学的能力の一側面と考えられていたが、Canal（1983）では独立させた。論旨の進め方、説得の仕方が直接的かまわりくどいかなどの談話的特徴は言語や文化によって異なるので、第一言語と第二言語の談話の組み立て方が異なる場合、第二言語を使用する際の干渉の原因となりやすいと考えられている。

4）方略能力（strategic competence）：実際のコミュニケーションにおけ

第1章 外国語コミュニケーションの心理と第二言語習得論（SLA）

る条件的制約（たとえば、考えたことや言語形式が思い出せない）や言語能力の不足などが原因でコミュニケーションが途切れた時の代償手段として、あるいは、コミュニケーションの効果を増すために用いられる手段に関する能力である。たとえば英語では、長い沈黙は避ける傾向があるので、考えている間もつなぎのことばなどを挿入する方が、会話が順調に流れる。適切な単語が思い浮かばない場合に違った表現で表したり、非言語で表すことも、会話の流れを止めずに続けるための方略能力と言える。

2.3 バックマンとパーマーのコミュニカティブ言語能力

　バックマンとパーマー（Bachman & Palmer, 1996）の枠組みでは、言語能力は、方略能力と言語知識からなります。方略能力はキャナールとは異なり、言語を使う際のメタ認知能力のことを指します。方略能力は、大きく、目標設定、評価、計画能力の3系統から構成されており、さらにそれぞれが細分化されています。一方言語知識は、構成的知識と語用的知識から成っており、前者には文法知識やテキストの知識、後者には機能的知識と社会言語的知識が入り、それぞれさらに細かく細分化されていきます。前者はキャナールの文法と談話能力に、後者は社会言語学的能力に相当するように見えます。バックマンとパーマーは評価法の専門家ですので、要素を細分化して特定することで、テストで測定すべき能力の明確化を目指したのでしょう。

　以上の二つが現在SLAで最も広く認知されているコミュニカティブ・コンピテンスの枠組みであり、いずれも個人に内在するものとしてコンピテンスを考え、母語話者との比較でその水準は決まるという前提があります。またコンピテンスはいくつかの要素に分解できるものであると考えられています。

18

その後、特にこれらの枠組みを大きく変えるような研究は行われていません。コミュニカティブ・コンピテンスの定義と構成要素は、教育実践の方向や評価法に影響を与える基礎となるので、これからも研究の蓄積が必要でしょう。

2.4 母語話者の能力を基準としないコンピテンスの考え方

　前節で述べたコミュニカティブ・コンピテンスの定義は、その前提として第二言語習得を母語話者に近づいていくプロセスと捉えていると言えます。例えば、文法能力、社会言語能力、談話能力の研究は、いずれも目標言語文化圏の社会文化的規範に基づく言語使用に照らして逸脱の程度や発達の過程を明らかにするというものです。（方略能力は言語能力の不足を補うストラテジーやメタ知識ですので、学習者固有のものですし、パーフォーマンスの領域に入ると考えることもできます。）

　しかし、SLA の研究者の中には、外国語教育の目標を母語話者の持つコンピテンスと捉えることに反対の研究者も少なくありません (e.g., Cook, 1999)。このような母語話者の能力を基準とした研究の設定そのものに対して批判教育学 (critical pedagogy) からの批判もあります (e.g., Boxer, 2002)。特に英語についてはそういった議論は活発で最近注目されている ELF (English as a lingua franca)、World Englishes (Kachru, 1986) の研究は、世界の共通語としての英語の変種を研究する分野です。

　母語話者を基準としないコンピテンスについては第 7 章で再度論じたいと思いますが、ここでは、バイラム (Byram, 1997) と クック (Cook, 1999) のコンピテンスの考え方を紹介します。学習者のコミュニケーション能力の発達を考える際に、母語話者の持つ能力を最終到達点とし、そこに到達するまでの果てしない旅と見るのではなく、バイラムは "intercultural speaker" をめざす教育実践を提唱します。ここで、母語話者をモデルとする伝統的なコ

19

ミュニカティブ・コンピテンスから、「異文化間コミュニカティブ・コンピテンス（intercultural communicative competence）」という概念へと変化させていくことを促しています。その目的とするところは、「国境を渡る学習者が、外国語を用いながら、外国文化の現象を分析し、考察し、解釈するのを助けること」（"to help learners across national borders analyze, reflect upon and interpret foreign cultural phenomena when using the language with foreign nationals"）（Byram & Fleming, 1998, p.27）です。一人一人の学習者は、いわばエスノグラファーとして、異文化の観察・発見・解釈の旅に出ると考えます。異文化コミュニケーションの研究者でもあるバイラムはこのプロセスに必要な能力として、言語能力（文法能力）、社会言語能力、談話能力に「異文化間能力（intercultural competence）」を加えて、全てを統合した能力としての異文化間コミュニカティブ・コンピテンスを提案しているのです。ここでバイラムが言う異文化間能力は、知識、態度、相互作用スキル、発見・解釈のスキルなどで次章で詳しく述べる異文化コミュニケーション・コンピテンス（ICC）と共通するものも多いのです。

　また、クック（Cook, 1999）は、第二言語話者がもつ能力は母語話者の母語能力と質的に異なるので、母語話者と比較して能力を評価されるべきではないと主張します。第二言語話者がもつ多面的な能力それ自体の価値を認め、そのマルチコンピテンス（multicompetence）を定義するべきだと唱えるのです。

3．外国語コミュニケーションという視座

3.1 自己呈示としての第二言語コミュニケーション

　日常のコミュニケーションを振り返ると分かりますが、人は単に情報の伝達を目的とするためにコミュニケーションをするのではありません。人は他

者、特に大切な他者（significant others）に認めてもらいたいという承認欲求があります。自分の言ったことを信じてもらい、承認・評価され相手に影響を与えたいと思います。そうすることによって自らをエンパワー（empower）するために人と話すのです。外国語あるいは第二言語でコミュニケーションをするときは、多くの場合、習熟度にもよりますが、母語ほど自由でない言語で自己を表現し、対人関係を築いていくことになります。結果として第一言語と同じように自己呈示ができないので、その心理的な影響を考える必要があるでしょう。母語ほどは自由に使えない言語で自己を表現すると、自分らしさが表出できずアイデンティティに関わることもあります。一人前の大人であるはずなのに、歳相応の言語表現ができず、それが原因で、異文化の相手に軽く見られるという経験をすることもあります。SLA や外国語教育学においてコミュニケーションとは、言語メッセージが、意図した通り理解されたか、伝達されたかどうかというところに主眼があり、最近まで対人関係的側面や動機や感情にはあまり踏み込んでこなかったと言えます。しかし、対人場面では意図した行動も意図しない行動も相手との人間関係に影響を与えます。人と相互作用を開始した瞬間に、相手により印象は形成され、人格は評価されるのです。言語能力が未熟であることは、自己表現のぎこちなさの言い訳にはなっても、相手による印象の形成や評価を止めることはできないのです。つまり、言語の習熟度に関わらず、人の行動は対人関係に影響を与え続けるのです。そこで、第二言語による発話の伝達可能性を越えて、対人的意味の形成や実際の対人関係への影響まで踏み込んだ研究や考察も必要になるでしょう。つまり外国語でコミュニケーションを画るという点に注目した研究です。そこで次章では、コミュニケーション学を援用し、さらにコミュニケーションとは何かという問題に踏み込んでいきます。

3.2 第二言語コミュニケーションという視座：その必要性と研究の意義

　異文化コミュニケーションの多くの状況で、自分もしくは相手、あるいは両方が、自分が最も自由に使える言語（通常母語）でないことば、すなわち第二言語を使ってコミュニケーションをする必要が生じます。これまで比較文化論や多くの異文化コミュニケーション研究では、それぞれの文化の特徴や価値観、コミュニケーションスタイルなどの違いを分析し、抽象的なレベルで比較し、実際のコミュニケーション状況でどのような問題が起こりうるかを予測してきました。しかし、実際に異文化背景を持った人が接触する場で何が起こるかを分析するためには、「コミュニケーションで用いる言語はどの言語なのか」ということ抜きにして現象を語ることはできません。例えば日本人とアメリカ人が会話をする際に、そこで使う言語は、日本語なのか、英語なのか、あるいは第3の言語なのかということは、極めて大きな変数です。多くの場合、英語が使われると思われます。その際の言語選択には、力関係など複雑な要因が絡み、これ自体が研究対象になりえるのですが、本書では第二言語・外国語を使う側の心理に注目します。その現実を捉え、第二言語を使う側から見たコミュニケーションの実態を明らかにしたり、アイデンティティの問題を考えます。さらにコミュニケーションをめざして外国語を学習するときに経験する学習面の問題点を見出すとともに、コミュニケーションの動機や学習の動機づけについても分析します。外国語で円滑なコミュニケーションをする能力の獲得を個人の成長の機会（例えば多様な相手との出会いを通して柔軟性を獲得するなど）と捉え、その方向へ導く教育への示唆を考えることは極めて重要であると考えています。人はコミュニケーションを目的に外国語を学ぶという言い方をします。しかし、実際はコミュニケーションをしながら習得するのです。外国語学習においても、他者との相互作用を通して意味の共有ができたという実感、そして特に自分が肯定され承認

されたという実感は、外国語で対人接触を持とうという動機につながっていくでしょう。

　本章では外国語運用能力としてのコミュニカティブ・コンピテンスという概念をみてきましたが、実際に第二言語・外国語を使ってコミュニケーションを図る時には、外国語の運用知識以外に多くの要因が関係します。円滑に外国語でコミュニケーションを進めていくためには、人間関係を築くスキルや、価値観の違う人とうまくやっていける柔軟性なども必要になるでしょう。次章では、もう一つの関連分野であるコミュニケーション学から、コミュニケーションについて掘り下げ、外国語コミュニケーションについて考える一助にしたいと思います。

Discussion

１．なぜ私たちは外国語を勉強するのだろうか。それぞれの人にとってその意味を考えてみよう。

２．子供はどのように言語を習得していくのだろうか？いつ頃までにどのような言語能力が身につくのか、身近な子供の観察などを通して考えてみよう。

３．外国語能力にはどのような要素が含まれているのだろうか？

４．外国語（第二言語）でコミュニケーションをするのは日本語（第一言語・母語）でコミュニケーションをするのとどう違うのだろうか？

５．これまで受けてきた外国語教育を振り返って、どのような教授法に効果があったか、また、自分が試みた学習方法で、どのような方法が効果的だったかを考えてみよう。

第2章　コミュニケーションとは何か？　コミュニケーション学は SLA や外国語教育にどう関わるのか

　外国語教育では、「コミュニケーションが目的である」ということは決まり文句のように使われます。第1章では、心理学と SLA の関係、またその外国語教育への影響を歴史的に辿り、その中で、コミュニケーションやコミュニカティブ・コンピテンスがどのように定義されてきたかを見てきました。特に後者については、外国語教育の目的としてめざすべき能力を具体化するためにも重要であることを確認しました。しかし、第1章の最後に述べたように、実際に外国語を使ってコミュニケーションを行うという活動は、外国語の運用能力以外に多くの要因が関係します。その多くは第一言語でコミュニケーションを行う場合と共通である一方、言語・文化背景の異なる人とのコミュニケーションで特に注意が必要になることもあります。そこで、第2章では、コミュニケーションについてさらに検討します。コミュニケーション学（特に異文化コミュニケーション領域）でコミュニケーションがどのように捉えられているかを参考に、外国語でコミュニケーションをするとはどういう行動を意味し、どのような心理なのかを考えます。また異文化コミュニケーション能力（ICC）とは何かについての研究を参考に、外国語でコミュニケーションをする時に外国語運用能力に加えてどのような「能力」が必要になるのかを考えます。

1．コミュニケーションの定義

　まずコミュニケーションという概念の定義から始めましょう。コミュニケー

ション（communication）の com（n）の部分には "together","with" という意味があります。Com で始まる英語の単語を挙げてみると—— companion, company, conspire, communion, common, community, communal, commune —— など、すべて「共に」という意味が含まれていることがわかります。つまり「共に分かつ」「共に何かをする」ことがコミュニケーションの芯（コア）の意味なのでしょう。コミュニケーションには100以上の定義があると言われますが、「他者を理解し、かつ他者からも理解されようとする」というように相互作用の過程と考えるもの、「伝達者が心の中で意図したのと同じ意味を受け手が知覚できるようにする」というように意味付与の過程と考えるものがその中心です（石井・岡部・久米，1987）。「コミュニケーション」ということばほど気軽に用いられ、日常に氾濫しながら、学問的に定義することが難しい用語はないのではないでしょうか。このことは外国語のコミュニケーションを議論する上で、混乱の原因となっています。コミュニケーション学ではいくつかの特徴をあげてコミュニケーションとは何かを説明することが多いようです。（Box2-1 参照）

　本書では「他者の存在」「意味の共有」「相互作用」という３つのキーワードを用いてコミュニケーションを考えたいと思います。第一に、コミュニケーションは「他者に対して存在すること」[注1]なのです。つまり他者を意識したときに生じる人間の認知・情動・行動の変化が深く関わるもと言えます。第二に、コミュニケーションを「意味の共有」、あるいは「共通の意味を構築する」ことというように意味を中心に考えています。たとえば「大学院での研究」という語句が何を指すかは、日本語が分かる人ならば、単語の意味や文法知識を共有しているので、表面的には理解できます。しかし、学部を卒業したばかりの人、博士課程の人、指導する教官では、それぞれこれまでの経験や、生きてきた環境、立場、価値観が違うので、「大学院での研究」が意味

するものは決して同じではありません。アメリカで教育を受けた人と日本で受けた人とではかなり違う内容を考えるでしょう。学生が期待するものと教師が期待するものに齟齬が生じる可能性もあります。しかし、何度か授業を受けるうちに、つまりコミュニケーションのプロセスを通して、相手の考え方に触れ、その意味するものが理解できるようになっていきます。つまり、相互作用の中で、交渉や調整をしながら共通の意味を構築していくのです。発されたことばの意味は言語メッセージの文字どおりの意味を越えて、受け手の文化的背景、価値観、信念、人生経験などの影響を受けて解釈されます。しかし同時に、受け手は、話し手の価値観、信念、人生経験などを考慮しながら、なるべく正確な意味を読みとろうとします。一般に共通の経験が多いほど意味は共有しやすいといえます。

　第三のキーワードは「相互作用」です。相互作用とは互いに影響を与え合うことです。相手の反応に合わせて、自分の反応を変える、それを受けて相手もまた反応するというように、刻々と変化する動的なプロセスです。共通の意味の形成には、相手の意図や思いを理解しようとし、確認し、また相手の理解を求めて自己を開示し、相手の反応を求めるといった相互性が不可欠なのです。相互作用をうまく行うためには「他者の態度の獲得」（Mead, 1934）が必要になります。「他者の態度獲得」とはミードの象徴的相互作用論によると、相手の態度や相手が自分に期待することを把握することです。私たちは、人と話すとき、相手がどのように反応するかを予測しながら話します。相手がどのように聞くか、どういう態度をもつかなどについて、他者の態度獲得がおこります。そして、相手の言語的・非言語的反応（フィードバック）を見ながら、微妙に話し方や言い方を調整します。十分理解されていないと思えば繰り返したり、相手に確認します。同じ言語文化内でのコミュニケーションであれば、ほぼ無意識に行われるこのプロセスが、異文化間のコミュニケー

第2章　コミュニケーションとは何か？ コミュニケーション学はSLAや外国語教育にどう関わるのか

ションでは、対人行動のルールや行動の意味づけの違いから、ぎこちなくなったり誤解が生じやすくなります。さらに、どちらかもしくは両者が第二言語を用いる状況では、意味の共有が一層難しくなります。

♥ Box2-1 コミュニケーションの定義

コミュニケーション学におけるコミュニケーションの定義

コミュニケーションをいくつかの特徴をあげて説明することもできる。Martin & Nakayama（2000）は次の6点を挙げている。

1）コミュニケーションは象徴的・表象的プロセスである（*Communication is a symbolic process*）。つまり言語やジェスチャーなどの非言語シンボルは、あるコミュニティの人々が共通の意味を付与することではじめて意味をもつものである。（例えば、/neko/ という音は、日本語話者の間である小動物をさすことが約束されているので、意味が共有できる。）2）コミュニケーションにはコミュニケーションを行う人、言語・非言語メッセージ、コミュニケーションを行うチャンネル、コンテキストなどいくつかの構成要素がある（*Communication is a process involving several components*）3）コミュニケーションは意味を共有することであり、理解し合おうとするとき人間は意味を交渉する（*Communication involves sharing and negotiating meaning.*）4）コミュニケーションは動的なものであり、常に変化する。（*Communication is dynamic.*）5）意図しなくてもコミュニケーションはおこる。（*Communication does not have to be intentional.*）6）コミュニケーションの結果を決めるのは意味を付与する人である。（*Communication is receiver-oriented.*）"We cannnot not communicate." という表現は受け手の意味付与を止めることはできないという意味で、コミュニケーションの不可避性を表したものである。

2．コミュニケーションと文化

2.1 パワー、コンテキストとコミュニケーション

　多くのコミュニケーションの場面で、参加者がすべて対等というのは案外珍しい状況です。立場や地位、役割などにより力差がある場合、例えば、先生と生徒、上司と部下のようにそれが顕在化している場合もあります。一方、一見対等に見える友人関係であっても、過去のつきあいの歴史の中で生じた心理的な力関係が存在する場合もあります。また、コミュニケーションが起こるコンテキストによって同じ発言、同じ行動が違う意味をもちます。正式な会議で相手を非難する場合と、個人的な会話でそうするのでは、同じことを言っても付与される意味が異なり、相手に対する影響も異なります。コミュニケーションを通して、共感、すなわち力関係を越えた情緒的な一体感が得られる場合もあれば、力関係が表面化する場合もあるでしょう。

　外国語でコミュニケーションを行う場面でも、当然このようなコミュニケーションの特徴はそのまま引き継がれます。しかも、言語能力が絡んだ力差、例えば、母語話者と非母語話者といった非対称の関係がある場合や、どのような文化コンテキストでコミュニケーションが起こるかなど、新たな要因が加わり、さらに複雑となります。

2.2 社会化とコミュニケーション

　文化はその文化で生きる人にその文化で生きるのに必要な認知行動の様式を習得させるように働きかけます。これが、文化化（enculturation）もしくは社会化（socialization）のプロセスです。社会化の過程で私たちは前述の「一般的な他者の態度を獲得」します。つまり、このように言ったら、ふつう相手はこういうように反応するとが、こういう風に解釈するといった予測ができるようになるのです。これは日常的に家庭や学校での様々な他者との直

接的な相互作用を通して、多様な他者を一般化することによってのみ身に付くものです。これは心理人類学者、箕浦（1984, 2003）が「対人意味空間の獲得」「文化文法の包絡」と表現しているものにつながります。同じ文化内で育つと、類似した文化文法や規範を内面化しているので、異文化間の場合よりは相互作用過程がスムーズだと考えられます。日本的な文化文法を習得し、日本における「一般的な他者の態度の獲得」をしていると、異なった文化文法を持った人との異文化コミュニケーションにおいては、干渉（interference）が起こると考えられます。

　しかし、母語で「一般的な他者の態度の獲得」の訓練をしていることが、異文化コミュニケーションや外国語でのコミュニケーションの基盤となるという考え方もあります。例えば、加藤（1986）は、「other を generalize するという訓練を受けることのなかった人々は、異質の人々との出会いを重ねつつ、彼らをも包み込んだより大きな「社会」というものを再構成していくことができない。それゆえ、家族や幼友達などの馴染み深い小集団にしがみつこうとする（p.86）」と述べています。自文化における他者とのコミュニケーションは、異質さとの出会いを経験することであり、それが基礎になって、さらに多様な人との出会いを受け入れられるようになるということでしょう。しかし、そのためには「他者」の多様性を認め、その「一般的態度」を常に更新していく柔軟さが必要ということになります。

2.3 「異なった他者（dissimilar others）とのコミュニケーション」としての外国語コミュニケーション

　本書では異文化コミュニケーションを「異なった他者とのコミュニケーション」と捉えます。新たな出会いのたびに、自分がいったん一般化した他者の枠を広げていけるか、新たな他者に対して対話を開き、自分を包む社会を再

構成できるかが問われるのです。お互い母語を用いても「異なった他者との
コミュニケーション」すなわち、世代やジェンダー、民族、異職業など異なっ
た価値観をもった人とのコミュニケーションは決して容易ではありません。
現在の異文化コミュニケーション論の研究や教育の対象はこういった異グルー
プ、すなわち異なった他者とのコミュニケーションを対象としています。異
なった他者としての外国人とのコミュニケーションはそういった対人コミュ
ニケーションの延長線上にあります。それゆえ、他者に対して対話を開く意
思と、新たな出会いのために自分を包む社会を広げていく受容性が問われる
のです。

　さて、SLA、特に外国語の学習において、異文化は通常、異なった言語を
使うグループが対象となります。そして多くの場合、国籍、人種、民族、宗
教、歴史観も異なります。外国語コミュニケーションの関わる異文化は極め
て異質性の高い相手なのです。さきほどの「ダイガクインデノケンキュウ」
という日本語の音の連続は、日本語を理解しない相手とは表面的な意味の共
有もできません。意味を共有するためには、相手と意味を共有できる言語を
使う必要が生じます。時には音声や文法規則が母語とは異なる言語を使う必
要があります。たとえ同じ母語をもつ人の間でも、意味を共有していく過程
はそんなに単純ではないのですから、シンボル体系の異なる言語文化をもつ
人の間では意味共有、意味交渉のプロセスは極めて複雑なものとなります。
「相手の態度の獲得」についても、前述のように母文化における社会化のプロ
セスが役立つ面も大いにありますが、ある文化の人と、できればその文化で
話される言語を使って、かなり多くの時間接触しないとその文化での一般的
な他者の反応を予測することは難しいでしょう。外国語で対人コミュニケー
ションを構築するプロセスは、母語では簡単であったことがらが困難となり、
無意識であったことが意識され、自文化のアイデンティティを揺さぶられ、

フラストレーションや不安、劣等感を感じたり、自己概念の修正を迫られるなど脅威となりえます。しかし、同時に、認知的・行動的な柔軟性を獲得し、情意面での寛容さや忍耐を要求される自己の成長の機会でもあるのです。

それでは異文化背景を持った人との出会いにおいて円滑なコミュニケーションを行うためにはどのような能力が必要なのでしょうか。それは第1章で議論したコミュニカティブ・コンピテンスとどのように関係するのでしょうか？

3．異文化コミュニケーション能力（ICC）

3.1 異文化コミュニケーション能力構成要素の研究

異文化コミュニケーションの研究においては、文化背景の異なる人たちが直接に対面したり、各種メディアを通して行う相互作用を中心に、この相互作用と文化との関係を扱ってきました。また文化文法や文化的な価値観の違いが、どのように相互理解を困難にするのかということが研究されてきました。

人は、個人の外にある文化の体系、すなわちある文化に生きる人が共通にもつ文化特有の意味の体系や文化文法を取り込むことで、その文化の中で生きていくのに必要な認知・行動・情動の型を獲得していきます。このプロセスは文化化と言われます。それゆえ、違った文化で文化化を経た人との出会いでは、違和感や齟齬が起こりやすくなるのです。また、異文化への移動では対人的側面以外でも、気象条件、衣食住など個人が慣れ親しんだ環境と異なる環境でいかに柔軟に対応できるかが問われます。そこで異文化接触でおこりうる対人関係の違和感や齟齬を調整し、異文化の人との出会いを両者にとって実りのあるものにする能力や、未知の環境で自己制御し、うまく機能できる個人の能力についての研究が行われてきました。この能力は個人に内在する能力として概念化され、異文化間能力、異文化対応力、または異文化

コミュニケーション能力などと呼ばれています。

　北米を中心としたコミュニケーション研究の分野では、「文化背景の異なる人々と効果的且つ適切なコミュニケーションを行う能力」として、「異文化コミュニケーション能力（ICC）」というものを想定し、1970年ごろよりその構成要素を特定する試みが行われてきました（e.g., Brislin, 1981; Gudykunst, Wiseman, & Hammar, 1977; Hammar, Gudykunst, & Wiseman, 1978; Hawes & Kealey, 1981; Ruben, 1976；Spitzberg, 1997; Spitzberg & Changnon, 2009）。しかし、上原（1990）が、主要な先行研究の結果を認知面、情動面、行動面、性格、技能に分類し整理しているように、異文化コミュニケーション能力（ICC）に含まれる要素は、相互作用能力、敬意の表示、感情移入、柔軟性、判断留保、非自民族中心的態度、曖昧さの許容、強い性格、会話管理能力などきわめて多岐に渡っています。その後も多くの研究者がそれぞれの観点から種々の概念を提示してきましたが挙げられた要素は多種多様で、認知的、態度的、技能的側面が混在しています。（たとえば、過去の研究を展望し、Spitzberg（1997）では52種類、マツモト（1999）では76種類の能力要素を抽出しています。）しかし、1990年ごろよりこれらの成果を理論的に統合する試みが見られるようになってきました。以下に挙げる キム（Kim, 1991）、グディカンスト（Gudykunst, 1991, 1993）、マツモト（1999）などは、その代表的なものです。

　キムの理論の核にあるのは、個人のもつ「順応性（adaptability）」という概念である。Kim は、個別の文化に対応する知識と普遍的で文化一般的な能力を区別し、後者を異文化接触のいろいろな状況に対応できる「順応性（adaptability）」と呼び、異文化コミュニケーション能力（ICC）の中核として概念化しています。順応性の3つの柱は、1）未知の状況や新たな環境に対処できる能力、2）相手グループに対する偏見や自民族中心的な判断に陥

らない異グループへの姿勢、3）異文化接触のストレスに耐える力です。さらに Kim は順応性に関係する具体的な 特性として、認知面（例：認知的柔軟性、認知的複雑性）、情動面（例：感情移入、非自民族中心的態度）、行動面（例：行動の柔軟性、対人関係調整）の3側面から論じています。

　グディカンストの コミュニケーション理論は、「不確実性の減少」という概念で表されます。異文化背景をもった相手とコミュニケーションを通して未知の部分「不確実性」を減少し、それに伴って不安を減少していくためには、相手と接触し、相手を理解しようとする「動機」と、そのために必要となる「知識」や「スキル」の3側面が必要であるとします。まず「動機」に含まれる下位要素として、「不安を軽減するための努力」や「異文化の相手に接近する意思」があります。「知識」に含まれるのは、「情報入手法」や「相手の文化に関する知識」で、相手の言語の知識もここに入ります。そして「スキル」、すなわち技術的側面としては、「曖昧さを許容できること」「コミュニケーション・プロセスを意識的にチェックすること（マインドフルネス）」「感情移入できること（エンパシー）」などを挙げています。

　マツモト（1999）は、国際適応力とは、個人が二文化（多文化）の思考、感情、行動化のプロセスに精通し、「多元文化的な心理プロセス」をもつことであると考えています。これは、認知面・行動面・情動面でバイ（マルチ）カルチュラルになることと解釈でき、そのために必要となる基本的要素として、「自尊心」「感情規制」「批判的思考」「開放性と柔軟性」を挙げています。マツモトは、異文化で経験しやすい葛藤状況とそれに伴うネガティブな感情を制御することが異文化接触では最も重要になると考えます。

　日本での代表的な理論化の試みである山岸・井上・渡辺（1992）も、「異文化間能力」を個別文化ではなく文化一般に対処する能力として、「カルチュラル・アウェアネス」「自己調整能力」「状況調整能力」の3領域に分類される

3. 異文化コミュニケーション能力（ICC）

12の次元（例：感受性、自文化への気づき、柔軟性、判断力）により概念化しています。12の次元の中で「感受性」をすべての次元に関わるものとして中核に据えています。

3.2 異文化コミュニケーション能力（ICC）の文化一般的側面と文化特殊的側面

異文化の人との良好な対人関係の形成、誤解のない効果的な意思疎通を実現するための条件として、前述の研究者は、いずれも個別の文化に対処していく解決法でなく、どの文化背景の人との接触にも有効となる基礎的な能力や心理プロセスを問題にしています。つまり文化一般的な能力です。これらの議論の中で挙げられている能力要素を再分析すると、1）異文化に限らず人生で起こる様々な環境の変化や葛藤、挑戦、新たな出会いに対応するための最も基盤となる要素、たとえば、感情の処理、柔軟性、自己効力感のようなものと（図2-1c）、2）異文化性、異質さへの対応、異文化背景をもった人々（異なった他者）と相互作用・相互理解を進める上で必要となる側面、たとえば、非自民族中心的態度、異文化間の相互作用能力（図2-1b）などに分けることができると考えられます。この区分を表した図2-1では下に行くほど普遍性が高く、上に行くほど文化特殊性が高くなる。ただし、人生におけるすべての経験や出会いに、新規さや異質さへの出会いという側面があると考えると、b, cの区別は明確でなくなります。異文化コミュニケーション能力（ICC）の研究では、図2-1のb, cに相当する部分、すなわち普遍的、文化一般的な要素に重点が置かれています。これらが基礎的能力として、異文化の相手との接触を相互理解に導く上で重要だということです。その上で、実際の異文化接触場面を想定すると、接触する個と個の文化差、あるいは移動する個人が内面化した文化的意味と移動先の文化的意味の違いが原因

第2章　コミュニケーションとは何か？　コミュニケーション学はSLAや外国語教育にどう関わるのか

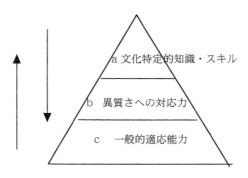

図2-1　異文化対応力の構造（八島，2004）

となる具体的な困難や個別の状況に対処するための技能や移動先の文化の知識（図2-1a）が必要になるということです。

4．異文化コミュニケーション能力（ICC）と外国語運用能力の関係について

実際に異文化背景をもった二人が合って話す時、多くの場合どちらかが第二言語を用いなければ理解し合えないという現実があります。この点は、ICCの議論の中ではあまり論じられません。異文化に移動したときには、アメリカに行くと英語を使い、韓国に行くと韓国語を使うというように、通常移動先の言語を話す必要がありますが、韓国では英語を用いて韓国人とコミュニケーションを図ることもあるでしょう。第1章で異文化コミュニケーションの媒体となる言語は何なのかという問題提起をしましたが、ここでは前節で整理した異文化コミュニケーション能力（ICC）と第1章で述べた第二言語コミュニカティブ・コンピテンスはどう関係するのかを考えてみます。（1章で、バイラムが異文化間コミュニカティブ・コンピテンスと命名し、両者を統合したモデルを作っていたことを紹介しました。）

4. 異文化コミュニケーション能力（ICC）と外国語運用能力の関係について

　例えば異文化における対人行動を調整する柔軟性が重要であることは多くの研究者が指摘しています。しかし、相互作用のルール、要求される対人関係の具体的な行動は文化やコンテキストによって異なるだけでなく、どの言語を使うかによって異なります。先に述べた社会言語能力・談話能力などを含むコミュニカティブ・コンピテンスは、その場の対人的意味の理解が前提になります。これは、文化特有・コンテキスト特有の能力です。外国語を学習すること、つまりその言語のコミュニカティブ・コンピテンスを身につけるということ自体が、その文化の対人的意味の体系や文化文法の理解を深めていくことを内包していることになります。

　一方、個人が異文化と接触する際にどう対応していくかは、個人がその発達過程や受けてきた教育、人生経験の中で時間をかけて培われた資質が基礎となります。感受性や異なったものに対する受容性、感情を制御する力、判断を留保したり相手の視点からものが見られるというのは、異文化に行かずとも、あらゆる他者との出会いで大切です。こういった能力を仮に「普遍的・基礎的な力」とすると、にわかに外国語学習や異文化訓練でマニュアル的に表層的なスキルや知識を習得しても、すぐには本当の「力」とはならないでしょう。（異文化に対して強い偏見を持った人が、共通語となる英語を流暢に話したとしても、異文化接触がうまく進むとは言えないように。）

　しかし、試行錯誤を重ねつつ実際に接触することで、人は多くのことに気づきます。特に相手の言語を用いて相互作用をすることで、その文化における対人的意味空間を体験することもできます。こういった実践体験に基づく異文化への気づきは、その結果として自文化・自己への気づきも促します。個別文化でうまく機能するためには、その文化での対人関係の文脈を捉えることが必要となり、文化に対する洞察が前提となります。他者と意味を共有し対人関係を形成していくためには、知識だけでなく行動面の柔軟性やスキ

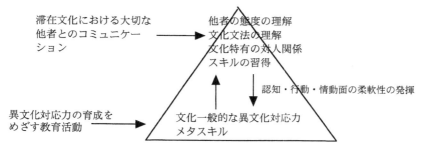

図2-2　異文化接触と異文化間能力（八島，2004）

ルを要求します。また、実践を通して、柔軟性が養われたり、感情の処理方法を学習していくこともあるでしょう。マインドフルネスのようなメタコミュニケーション的なスキルも実践経験の中で磨かれていくのです。つまり、逆に個々の異文化体験が「基礎力」を養っていくのです。こうして異文化コミュニケーションの実践を通して「基礎力」が蓄積され新たな異文化経験を支えていくのだと考えることができます。このような「基礎力」と「個別の異文化体験」の関係を表したのが図2-2です。

　外国語のコミュニカティブ・コンピテンスのように個別の文化での対人関係の構築を助ける能力を身につけることは、研究者たちが概念化した文化一般的な「異文化間能力」「異文化コミュニケーション能力」に比して一見表層的に見えます。しかし、実際の異文化接触は個別の文化との体験でしかないのです。そして、もっと言えば人は「文化」という抽象的なものと出会うのでもありません。人は人と接触するのです。八島（2004）は高校生のアメリカでの留学の研究に基づき、生徒たちの経験は、具体的な異文化接触を通して、漠然としたイメージでしかなかった「異文化」が、顔の見える大切な他者となり、その大切な他者が内面化した文化の意味を理解していく過程だと考えています。Aさんが触れたアメリカと、Bさんが触れたアメリカ文化は

4. 異文化コミュニケーション能力（ICC）と外国語運用能力の関係について

同じではありません。それぞれが出会うアメリカ人が取り込んだアメリカ文化の意味の空間を共有することを通して、アメリカ文化を理解していくのです。英語のコミュニカティブ・コンピテンスは、このプロセスを進めるための前提でもあり、逆にこの文化と出会うプロセスを通してコミュニカティブ・コンピテンスを習得していくとも言えましょう。

　異文化コミュニケーション能力研究においては、文化一般的能力と文化特定的能力を分けて考えることが整理しやすいと前節でも述べてきました。異文化コミュニケーション能力としてまとめられた能力要素は、文化一般的能力として特に対象文化を特定せずに、多様な人々とコミュニケーションを図り互いを尊重しながら、多文化社会で生きていくための基礎的な力でした。スポーツにたとえると、筋力や走る力などの基礎体力のようなものです。基礎体力がないと強いスポーツ選手にはなれません。一方、文化特定的な能力は、バレーボール、野球など特定のスポーツをするための技術やルールの知識に相当します。やはりいくら基礎体力があっても、バットの持ち方やスイングの仕方やルールを知らないと野球はできません。同様にフランスに滞在するのにフランス語もフランスについての知識も全く持たないのでは、異文化接触がうまくいくとは思えません。たとえ相手が日本語の流暢な人であっても、相手の言語文化を知っていると相手への理解が深まりコミュニケーションを円滑に運ぶことができるでしょう。異文化接触とは抽象的な文化と接触するわけではなく、人と接触するのです。その人が育った社会・文化のありようや、その人の思考を媒介し生活を支えている言語を知ることは、その人を良く理解しようということです。

　自分の母語以外の言語を人間関係の樹立や維持、就職や生活のために使ってみる経験をすることは、その文化的観点を理解しそれに合わせたり、話し相手の視点を考慮しながら自分の意思をわかってもらうことです。日本人に

とって、日本語以外のことばで「生きてみること」によって、日本にやって
くる外国人の気持ちも分かるでしょう。外国語を学習し使えるようになる過
程で、人はすでに多くの異文化接触を経験しているものです。また言語と文
化の不可分な関係から、そのことばを学習することで、その文化の視点に身
を置いてみることができるのです。他者が内面化している文化の理解と言い
ましたが、同じ文化の中でもそれぞれの人が内面化している文化は違います。
例えばアルジェリアからフランスに移住した両親を持つＡさんと、先祖代々
パリに暮らしてきたフランス人の父とイギリス人の母を持つＢさんが内面化
している文化は同じではありません。(グローバル化の中でそれぞれの人が内
面化している文化とアイデンティティの関係は複雑です。これは第６章でも
扱います)。しかし、ＡさんＢさんともフランス語を話し、フランス社会で
生活しているので文化文法や一般化した他者の反応を共有しています。この
一般化した他者の反応や文化文法の知識は、外国語の学習を通してある程度
は習得可能であり、それに照らして、それぞれの人の個性を理解するために
も役立ちます。

　参加者の誰かが第二言語を用いてコミュニケーションを行う異文化接触の
現場では、相手が表出しようとする文化やアイデンティティに配慮しながら
相互理解を図ることが必要となります。このような状況において、どのよう
に基礎力としての異文化コミュニケーション能力が発揮され習得されるのか、
それと言語のコミュニカティブ・コンピテンスとの関係について、またその
ような場で、どのように、誰の規範に合わせてコミュニケーションが調整さ
れるのかなど、考えるべきことはまだたくさんあります。第二言語コミュニ
ケーションという視座はこのような新たな研究の視点をもたらすのです。

Discussion

1. あなたが自分らしいコミュニケーションをしていると感じるのはどのような時だろうか？

2. 人とコミュニケーションがうまくいかないと感じた時のことを考えてみよう。またその原因を分析してみよう。

3. 外国語でコミュニケーションをしたことがある人は、その時どのように感じたか、何が難しかったかを考えてみよう。

4. 留学・仕事などで海外に滞在した経験があればそれを話し合ってみよう。異文化での生活を実りあるものにするためにはどのような能力が必要かを考えてみよう。

5. 海外に赴任する人に対してはどのようなトレーニングが必要か話し合ってみよう。

第3章　外国語コミュニケーションと不安

　外国語で話す時に緊張するという人は多いようです。海外旅行で入国管理
局を通る時に、無事切り抜けられるかどきどきしたという経験のある人もい
るでしょう。学校の英語の授業で、オーラル・コミュニケーション中心の時
間が最も緊張するという話もよく聞きます。このように第二言語を用いてコ
ミュニケーションをする時に影響する情意要因のひとつと考えられるのが「外
国語不安（language anxiety）」であり、SLA や外国語教育学では、1990年ご
ろから研究が盛んになってきました。不安が注目されてきた背景として、心
理学において認知に従属するとされてきた感情の役割が注目されるようになっ
てきたということもあります。「情意は知をつなぐ糸であり、時に感情は認知
プロセスを妨害する。感情は認知に先立って存在し、認知から独立する」こ
とが理解され（See LeDoux, 1996）、SLA においても認知過程・言語習得過
程に影響する感情の役割に対する興味がおこってきたのです（Young, 1999）。

　第二言語を使う時に経験する不安は、その人のもっている性格が大きく影
響するのか、外国語不安は、他の状況、たとえばテストで数学の問題を解く
ときの不安や人前で歌う時の緊張とは質の違うものなのか、他の文化圏の人
と比べて日本人は不安が高いのか、母語を用いる時と、第二言語を用いると
きには不安の程度は異なるのか―このような不安に関する疑問について考え
てみることは外国語でのコミュニケーションを理解する上で極めて重要な意
味をもちます。不安については、心理学やコミュニケーション学での研究蓄
積があるので、本章では、まず、これらの分野で不安がどのように扱われて
いるかを概観することから始め、外国語不安の本質に迫りたいと思います。

第3章　外国語コミュニケーションと不安

1．心理学で扱われる不安

　不安（anxiety）は、「自己の将来に起こりそうな危険や苦痛の可能性を感じて生じる不快な情動現象」と定義され、嫌悪的な情動のひとつで、漠然とした恐れ、何とも言えない不快感、切迫感、胸がざわざわする、胸がしめつけられる感じなどが入り混じった状態を指すとしています（心理学事典，1981 平凡社）。スピルバーガー（Spielberger, 1972）によると、「不安」は、「自律神経の活性化によっておこる主観的な緊張、懸念、心配などの感情で特徴づけられる、不愉快な情緒的状態や認知」（"unpleasant emotional state or cognition which is characterized by subjective feelings of tension, apprehension, and worry, and by activation or arousal of the automatic nervous system"）と定義されています。「明日の数学の試験が心配だ」「ジョンソン先生のクラスのスピーチどうしよう」というように理由が明確な不安は、これらは「健康範囲内の不安」と呼ばれ、誰でも程度の差はあれ日常的に経験するものです。一方、対象のわからない漠然とした不安はやや病的だと言えます。理由はないのに不安で不安でたまらない、というのはノイローゼ性の不安とされ、心理学で扱われます。外国語関連の不安を扱う本章の対象とはしません。

1.1 特性不安と状態不安

　スピルバーガー（1983）は、比較的安定した個人差、つまり性格としての不安を「特性不安（trait anxiety）」と呼び、主観的な緊張の感覚で自律神経の活性化によって特徴づけられる一時的な状態としての不安を「状態不安（state anxiety）」と呼び両者を区別しました。つまり、人は常にある程度の不安（特性不安）をもっており、それには個人差があります。しかしテストが近づいてくるとか、次の授業では自分が研究発表をすることになっている

とか、英語の時間になるといやな気持ちになるとか、不安は一日のうちでも変化します。そして、ある時点での不安を状態不安と呼びます。

1.2 不安と行動

不安の程度は人間の行動に影響すると考えられています。

1）不安と親和的行動

心理学の研究で不安が高まると他の人と一緒にいたいという欲求が強まることがわかっています。たとえば、雷雨や停電の時、人といると安心します。

2）不安と社会的促進

ある課題を他者と一緒にしたり、人が見ている時にする場合、評価に対する不安が働き、課題の成績に影響します。一般的には、単純な課題では他者に注目されると成績は上がりますが、複雑な課題では他者に注目されると成績が下がると報告されています（末永，1987　参照）。つまり、他者の評価を意識することと不安は関係するのです。しかし、単純な課題と複雑な課題というのは主観的なものですから、当人が単純・簡単と認知する場合は、人に注目される方が成績が良いが、複雑・難解と認知すると、他者に見られることで不安が高まり成績が悪くなりやすいということでしょう。外国語の授業ではペアワークなど他者と一緒にする活動やスピーチなど人前のパフォーマンスが多いので、こういった状況での不安の影響を考える必要があります。

3）不安と対人コミュニケーション

日常生活において他者との関わりに過度に不安を感じる場合、「対人恐怖」「シャイネス」といった問題として扱われます。対人恐怖とまではいかなくて

第3章 外国語コミュニケーションと不安

も、人と話すのがおっくう、やや引きこもりがちという若者はよく見られますし、不安が高いと対人関係が苦手になりがちです。つまり、このような心理的傾向は他者とのコミュニケーションに影響を与えますし（Box3-1 参照）、他者との協力が必要になるような学習形態を避ける傾向につながるかもしれません。

🍄 Box3-1 不安とコミュニケーション量　相互作用の視点 ──

　大坊（1982）によると　高不安者と低不安者のペア、つまり不安の度合いに差のある組合わせの方が、高不安者同士、低不安者同士のペアよりコミュニケーション量が多くなるという結果を報告している。不安がコミュニケーションに与える影響は、不安が高いとコミュニケーションの量が少なくなるというように単純なものではないことを物語っている。これは母語に関するものであるが、このような研究は、外国語の教室で多用されるペアワークなどの際、どのような組み合わせにするとよいのかを考える際に参考になる。

4）不安の測定

　尺度を用いるのが一般的です。市販されている尺度としては STAI（State Trait Anxiety Index）があり、日本語版も作成されています（末永，1987参照）。

2．コミュニケーション不安

　日常的な対人場面では特に問題がない人でも、人前でスピーチをする時や、面接など公的な場で自分の能力を評価されるような場面では緊張感は高まり

ます。「実際の（あるいは想像上の）対人コミュニケーションに関連した恐怖や不安のレベル」をコミュニケーション学では、コミュニケーション不安（communication apprehension）と呼びます。特性不安の高い人の方がコミュニケーション不安も高くなりやすく、コミュニケーション能力を評価されるような場面では、特性不安の高い人の方が自己評価が低くなる傾向があります。しかし、対人コミュニケーションや社会的場面で不安や緊張を感じるのは誰しも多かれ少なかれ経験することです。そこで1970年以降、対人コミュニケーション場面における不安の問題がコミュニケーション学や社会心理学の領域で研究されるようになってきました。たとえば、スピーチ不安、シャイネス、聴衆不安（stage fright）、社会的不安、無口（reticence）などがコミュニケーション不安の研究で扱われています。

2.1 コミュニケーション不安の原因

コミュニケーション不安の原因としては、次のようなものが挙げられます。

1）学習（条件付け）：ある特定のコミュニケーションの状況と不安感が結びつくことによって不安が形成されます。たとえば英語で話すことに不安を感じていなかった人が、英語の授業で恥をかくなど何か嫌な経験をすると、それ以後英語で話す状況を脅威と感じるようになるかもしれません。人前でスピーチをして一度失敗すると、そのいやな気持ちをスピーチという状況に立つたびに想起するというように、不安が学習されていきます。

2）ソーシャル・スキルの欠如：対人関係を円滑に進める能力や技能（ソーシャル・スキル）が不足していると不安を感じやすくなります。社会化の過程で「一般的な他者の態度」の獲得（第2章参照）に問題がある場合や、

第3章　外国語コミュニケーションと不安

単に技術的に不足している場合もあります。コミュニケーション不安の高い人は、低い人に比べて話す量が少なく、相手と目を合わせず、顔の表情や身振りが乏しく否定的な話題を選ぶ傾向が見られたという報告があります（相川 , 2000）。逆に、このようなコミュニケーションを効果的にする技術が不足していると、対人場面での不安感が高くなりがちなのです。

3）認知過程における誤り：ネーティブスピーカーのように話さないといけないなど間違った信念をもったり、高すぎる要求水準を自分に対して課すと不安は高くなります。また間違った答えを言ってはいけない、失敗したくないなどといった完璧主義は不安を高めやすいのです。

「不安をおこしやすい認知」として、1）課題の困難度が高いとかその状況が脅威的と認知する、2）その課題を行う能力が自分にはないと認知する、3）好ましくない結果のことばかり考え、失敗の予測をする、といった点が挙げられています（Sarason, Sarason, & Pierce, 1991）。このように自分の行動やその結果を否定的に認知することにより、課題に関連した認知活動が妨げられます。たとえば自分はスピーチが下手だ、スピーチを失敗するのではないか、聞いている人になんて思われるだろう、失敗したらどうしようという考えが、スムーズなタスク関連の認知活動（たとえば覚えたスピーチを思い出すという活動）を妨げて失敗の可能性を高めるのです。このような否定的な認知は、図3-1に示すようなコミュニケーション不安の悪循環を引き起こしやすいのです。たとえば、準備不足でスピーチに自信がないと、不安が高くなり、その結果スピーチ行為が乱れます。そうなると当然、聴衆の反応は思わしくありません。すると、そのことが、否定的評価への恐れに繋がり、さらに不安が高まるという悪循環が起こるのです。この図はそのプロセスを示しています。

2. コミュニケーション不安

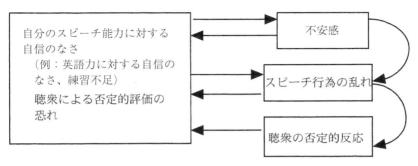

図3-1　コミュニケーション不安の悪循環（近藤・ヤン，1995より）

2.2 コミュニケーション不安の影響

　スピーチ、面接、学会発表など人前で話す時に、コミュニケーション不安が高まるとどういう状態になるのでしょうか。足が震えたり、顔が真っ赤になって汗がでてきたり、頭が真っ白になって覚えたことをすべて忘れてしまったというような経験をした人も少なからずいるのではないでしょうか。下に示すように、不安は感情面だけでなく、認知面、運動面、生理面にも影響するのです。

感情面：不安感、緊張感、焦燥感

認知面：思考力・集中力低下、記憶の混乱、理性的・客観的な状況把握が困
　　　　難になる、自意識の上昇

運動面：手足や体全体が震える、体をせわしなく動かす、発声困難、動作が
　　　　ぎこちなくなる

生理面：心拍数の増加、血圧上昇、顔が赤くなる、汗をかく、呼吸が乱れる、
　　　　口が渇く

（近藤・ヤン，1995参照）

　不安が引き起こされると、コミュニケーションのパフォーマンスに影響

第3章　外国語コミュニケーションと不安

します。自分のパフォーマンスのまずさや聴衆の否定的な反応を認知することで、さらに不安が高まり、パフォーマンスの質が下がります。

　比較的最近に行われたメタ分析（36の研究、3,742人が対象）において、PRCA（次節参照）で測定したコミュニケーション不安とコミュニケーションの質及び量の間に、負の相関（それぞれ r = -.38と r = -.28）があることが報告されています（Bourhis & Allen, 2009）。

2.3 コミュニケーション不安の測定

　コミュニケーション不安の測定には以下のような尺度が使われるのが一般的です。

1 ）PRCA（Personal Report of Communication Anxiety）（McCroskey, 1977, 1984による，西田，1986訳）：24項目から成る母語におけるコミュニケーション不安を測定するもので、相手と1対1の会話、小グループ、会議、パブリックスピーチの4場面を想定しています。

2 ）第二言語コミュニケーション不安尺度（MacIntyre & Charos, 1996）：応用言語学分野での不安研究にはよく用いられているもので、PRCA をもとに、MacIntyre の研究グループが第二言語用に作り直した尺度です。PRCAと同じ4場面から構成されています。Box3-2 に日本語版（Yashima, 2002）を示します。

┌─ 🎈 Box3-2 第二言語コミュニケーション不安尺度 ─────────
│　英語で人とコミュニケーションをとるときに、あなたがどう感じるかについて、12の状況について答えていただきます。それぞれの状況において、

2. コミュニケーション不安

どれくらいのパーセンテージで**不安**を感じるか、下線の上に書いてください。正しい答えも間違った答えもありません。

すばやく第一印象を記していくのが一番よいやり方です。

知らない人と英語で話す時、全く不安を感じないのであれば、0や10などの数字を書いてください。

半分ぐらいの場合に不安を感じるのであれば、40、50、60　などあなたにとって最も適切と思われる数字を記してください。

ほとんどいつも不安を感じるのであれば、90や100など大きな数字を記してください。

0%————————————————————————100%

英語を喋るのに　　　　　　　　　　　　　　　　英語を喋るのに
決して不安を感じない　　　　　　　　　　　いつも不安を感じる

英語で話す状況（日本の国内や外国でおこりうる状況です）
（こういう状況を経験したことがなくても想像で回答して下さい。）

_____1．知り合いの小グループで会話をするとき

_____2．知らない人の一団にスピーチ（プレゼンテーション）をするとき

_____3．友人の一団にスピーチ（プレゼンテーション）をするとき

_____4．知らない人の大きな集まり（会議）で発言するとき

_____5．知らない人の小グループで会話をするとき

_____6．友人の大きな集まり（会議）で発言するとき

_____7．友人と会話をするとき

_____8．知り合いの大きな集まり（会議）で発言するとき

_____9．知り合いと会話するとき

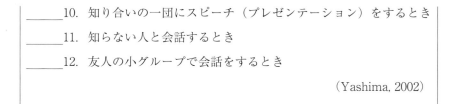

2.4 日本人の不安は高いのか：日本人のコミュニケーション不安と行動的特徴

　異文化コミュニケーションの専門家による対人コミュニケーション不安の国際比較では、日本人は、アメリカ人、オーストラリア人、韓国人、中国人、フィリピン人、プエルトリコ人より母語で話した時の対人コミュニケーション不安が高いことが報告されています（Klopf, 1984, Klopf & Cambra, 1979; McCroskey, Fayer, & Richmond, 1985）。また、イギリス人より内向的である（Iwawaki, Eysenck, & Eysenck, 1977）という結果も参考にすると、日本人は、初対面の人との相互作用や未知の人とのコミュニケーションに消極的になりやすい心理的傾向をもっていると言えます。第二言語習得関連の研究でも、日本人を含むアジア系の学生がヨーロッパ系の学生より、教室内でのコミュニケーション頻度が低いことが報告されています（Sato, 1982; Song, 1997）。このような行動傾向が、文化的規範とどのように関係するのか、あるいは、社会的な影響が大きいのかという点については、より多くの研究の蓄積が必要でしょう。この点については第5章でも再度扱います。

　コミュニケーション不安が状況により変化することを考えると、スケールを用いて不安の文化比較をすることには、さまざまな問題があります。どのように注意して翻訳をしても、同じ物差しが別の文化的コンテキストで同じものを測定しているとは言い切れないからです。そのためか上記の研究以後、

コミュニケーションの分野では類似の研究が行われていないようです。

2.5 コミュニケーション不安の緩和法

　コミュニケーション不安の治療というと、日常の社会的生活に支障が生じるほど不安が高い人を対象にするものです。近藤・ヤン（1995）は、コミュニケーション不安の緩和法として、系統的脱感作法、ソーシャル・スキル・トレーニング、認知変容法を挙げています。外国語教育においても、従来から不安が高まりやすい学習であるという認識が持たれているためか、不安の低下を目的に開発された指導法もあります。ここでは、外国語でコミュニケーションをすることを視野に入れて、コミュニケーション不安緩和法を検討してみます。

系統的脱感作法：対人場面でリラックス感を経験させることを目的にしたもので、筋肉を弛緩させる体操がよく用いられます。音楽や体操、ダンスなどを用いて、外国語を話すたびにリラックス感を経験させることにより英語と不安の結びつきを切ることをめざします。クラシック音楽を用いた学習法「サジェストピーディア」は、一種の系統的脱感作法と言えるでしょう（Box3-8参照）。

ソーシャル・スキル・トレーニング：ソーシャル・スキルの低さと不安は結びつきやすいことから、ソーシャル・スキルを訓練することで、対人不安を緩和させることをめざしたものです。例えば「誘う」「謝る」「会話を開始する」などというのは、母語においては自然に身についていくものと考えられていますが、こういったスキルの不足が対人コミュニケーションの苦手意識を生み出しているという認識から、あえて訓練するというものです（相川，

第3章　外国語コミュニケーションと不安

2000参照）。

　外国語を学習する際には、母語より意識的にソーシャル・スキルを学習する機会があります。挨拶をする、謝るなどの社会的スキルは、教えるべき表現としてテキストに盛りこまれています。しかし、田中（1991）八島・田中（1996）八島（2004）は、これより一歩踏み込んで、人間の一連の行動の中に埋め込まれた身体化した技術として、アメリカに留学する生徒を対象にしたソーシャル・スキル・トレーニングを考案しました（第7章参照）。これらは、いわゆる外国語学習教材に見られる、適切な言語表現の習得を目的としたコミュニカティブ・アプローチに、臨床心理的な介入法を取り入れて、不安の軽減をも目的の一つにした方法なのです。

認知変容法：間違った認知パターンを面接やロールプレイで直すもので、自分の能力を実際以下に見る傾向、人の評価を過度に気にする傾向、あるいは完璧でないといけないとか、下手な発音を人前で発するのは避けるべきだというような間違った信念を、面接やロールプレイで直すという方法です。

2.6 第一言語使用時と第二言語使用時のコミュニケーション不安

　自由に使える母語を話す時と比べて、不自由な第二言語を使う場合の方が、コミュニケーション不安は高くなると考えるのが普通です。しかし、この点を確かめた研究は少ないのです。第一言語、第二言語のコミュニケーション不安を比較した研究としては、マクロスキーのグループが試みています。プエルトリコ人が英語使用時に母語使用時より高い不安を経験することや（McCroskey, Fayer, & Richmond, 1985）、日本の大学生の英語、日本語使用時のコミュニケーション不安に差がなかったとする研究（McCroskey, Gudykunst & Nishida, 1985）などが散見できるだけです。私も質問紙を用い

54

た調査をしましたが（Yashima, 1998）、その結果（表3-1）は前者に近く、日本人大学生が英語使用時に母語使用時より高い不安を経験することを示しました。しかし、これらの調査はいずれも、質問紙上で言語の使用を想定させたもので、実際の第二言語状況をどの程度予測できるかについては限界があります。

表3-1　第一言語・第二言語における WTC（Willingness to communicate）、不安とコミュニケーション能力の認知（N=125）

	L1	L2	T-value
WTC	54.62	32.91	-11.21***
コミュニケーション不安	38.60	58.07	10.73***
コミュニケーション能力の認知	55.02	33.33	-9.56***

***p<.001　　　（Yashima, 1998）

3. 外国語の学習に関わる不安 — Language Anxiety —

3.1 外国語不安研究の意義

外国語不安（language anxiety）は、ガードナーとマッキンタイア（Gardner & MacIntyre, 1993）によると、「学習者が第二言語・外国語を用いて何かをすることを期待された時におこる不安感」（"fear or apprehension occurring when a learner is expected to perform in a second or foreign language"）というように状況依存的な不安として定義されています。

コミュニカティブ・アプローチの外国語教育においては、教室内に自然のコミュニケーションの場面を創設しようとします。このため、外国語を教える教室は第二言語を用いて意味交渉・意味共有をめざすコミュニケーションの空間となってきました。このため人と人との自然のやりとりで生じる緊張などの感情にこれまで以上に目を向ける必要が出てきます。例えば、Krashen

（1985）の「情意フィルター」という考え方が良く知られています。これは、自意識や不安が高いと情報が脳の処理システムに入らないので、言語習得に影響するという考え方です。このあたりから、それまで応用言語学において周辺的な位置づけであった動機づけ、態度、不安などを扱う情意面の研究の重要度が認知されてきたのです。特に1990年ごろからは、外国語使用時の不安の研究が急速に増えてきました（Arnold, 1999）。

　言語教育の中でなぜ不安などの感情を考慮する必要があるのかについて、ヤング（Young, 1999）では次のように述べています。

　　自分が良く知らない言語を用いて自己開示するというのは極めて心理的に脅威を感じやすいものであるが、（外国語教育においては学習者に）これを要求しているのである。("you are asking them (students) to reveal themselves in a way which is very threatening because when they don't know the language very well and they don't have the means to express themselves")

また、「話すことは自己の一部である」("One's speech is part of one's self")とも言っています。第1章、第2章で述べたように、言語は自己呈示に直接関係するものです。つまり、言語と自己意識は密に関係します。人は、ことばによるコミュニケーションで自己を認識し、自己を表現し、他者に対して自己を開いていきます。それゆえに「自分が自由に操れないことば」を用いて自己表現することに伴う心理を十分に考慮する必要があります。しかも言語は習得してから使うのでなく、使いながら習得するのです。それゆえ、自由に操れない段階でも使っていかないと上達しないというパラドックス的状況があります。このことは、自己表現を完全にできる言語をもつ大人にとって時に屈辱的ですらあります。私はこの点が外国語の学習に特有の情動的な側面であり、学習者の不安を上昇させたり、コミュニケーションを避ける傾

3. 外国語の学習に関わる不安 — Language Anxiety —

向につながると考えています。大人と子供の言語習得が最も違う点のひとつ
は、不安などの情意面であると言えるでしょう。

　ホロビッツのグループ（Horwitz, Horwitz & Cope, 1986）は、外国語の学
習ほど自己概念が脅威にさらされる学習はないと述べています。自らの知性
と社会的能力にそこそこ自信を持っている大人が、不十分な第二言語能力の
ため、本来の自分の姿を提示できないという状況に直面すると、無口になっ
たり、不安やパニックを経験することがあります。マッキンタイア
（MacIntyre, 1999）は、こういった感情的な反応は、外国語学習に特有のも
のだと言います。つまり、先に述べた不変の性格傾向としての不安（特性不
安）でも、ある瞬間に経験される一時的な不安（状態不安）でもなく、特定
の状況下で規則的におこる不安（situation-specific anxiety）として説明する
のが最も妥当と考えています。

3.2 外国語不安の生起過程

　外国語不安が生起する過程については、次のように考えられています。学
習課程の初期には、学習者は文法、聴解などの面で困難に直面しがちです。
教室で答えを求められたりする際に一時的に緊張を感じる、つまり「状態不
安」が高くなります。また人前で間違いを露呈して恥ずかしく思うなどネガ
ティブな経験をすることがあります。このように、外国語の授業の度に不安
が高まるということ経験していくうちに、条件付けがおこり、外国語を使う
場面で必ずおこる特定状況下の不安（situation-specific anxiety）となるので
す（MacIntyre, 1999 参照）。

　マッキンタイアとガードナー（MacIntyre & Gardner, 1994）は、不安の生
じるプロセスについて、入力・処理・出力の3つの局面でおこるとし。それ
を図3-3のように表しています。つまり不安は言語の入力（リスニング・

リーディング)、プロセシング、出力(スピーキング・ライティング)のどのフェーズでもおこり、不安関連の認知が情報処理の容量を少なくすることを表したものです。それぞれのプロセスに対応して、3種類の尺度の開発も試みています。この尺度の信頼性、妥当性の測定を試みた研究も報告されています(Onwuegbuzie, Bailey, & Daley, 2000)。

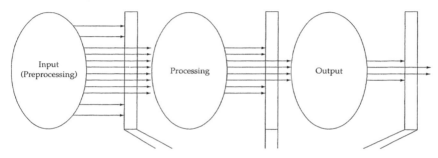

図3-2　外国語不安プロセスモデル (MacIntyre & Gardner, 1994)

3.3 外国語不安と他の不安

外国語や第二言語を使う時に経験する不安は、その人のもっている性格すなわち特性不安や内向性といった傾向が影響するものなのでしょうか。それとも外国語に関わる不安は、他の様々な状況で経験する緊張や不安と質の違うものなのでしょうか。マッキンタイアとガードナー(MacIntyre & Gardner, 1991)は、数学など他の学科の不安やスピーチ、テスト不安など19種類の不安尺度を用いて調査しています(Box3-4 参照)。因子分析により、調査対象のカナダの学生にとって外国語であるフランス語に関わる不安は、他の種類の不安や特性不安と区別できることを示したものです。

3. 外国語の学習に関わる不安 — Language Anxiety —

🍂 Box3-4 外国語不安と他の不安の関係　MacIntyre & Gardner（1991）

因子分析結果

表3-2　外国語不安と他の不安　因子分析結果（MacIntyre & Gardner, 1991）

	因子1	因子2	因子3
PRCA	.85**	.02	.25
聴衆不安	.78**	.06	.08
対人状況の不安	.71**	.19	-.10
否定的評価の不安	.71**	.19	-.01
英語教室不安	.69**	-.14	.25
社会的評価に関わる不安	.69**	.26	.18
新奇な状況に対する不安	.61**	.35*	.03
一般的テスト不安	.52**	.16	.38*
性格不安	.51**	.39*	.20
日常的状況での不安	.48**	.13	-.30*
数学教室不安	.35*	-.10	-.03
状態不安1	.03	.87**	.06
状態不安2	.12	.85**	.13
状態不安3	.23	.58**	.06
物理的危険に対する不安	.01	.47*	.08
フランス語教室不安	.13	-.02	.79**
学習を停滞させるフランス語テスト不安	.07	.32*	.73**
学習を進めるフランス語テスト不安	-.04	.02	-.65**
フランス語使用不安	.02	.28	.60**

注：*＝因子負荷＞.3　**＝因子負荷＞.5
　　因子1：一般的な不安　因子2：状態不安　因子3：外国語不安

　表3-2で示されているように、19種類の不安テストの結果を因子分析すると、明確に3つの因子が抽出された。PRCA（対人コミュニケーション不安尺度）、英語、数学、日常的な不安など、11の不安測度の結果が第一因子を構成している。この因子は、一般的な不安を示している。第二因子は、調査中に3回行われた状態不安の測定結果と物理的な危険に対する不安からなり、状態不安を表しているようである。参加者にとって外国語のフランス語関連の不安はすべて第三因子としてまとまっており、これをフランス語不安、ないしは外国語不安と呼んでさしつかえないであろう。この結果からMacIntyre & Gardner（1991）は、外国語不安が一般的な不安や状態不安と一線を画すものという結論を導き出している。

第3章　外国語コミュニケーションと不安

3.4 外国語不安の測定

　外国語不安はどのように測定するのでしょうか。外国語を使う際に経験する不安は他の不安と一線を画するという考えのもとに、前述のホロビッツのチーム（Horwitz, Horwitz & Cope, 1986）は外国語学習に関わる不安の測定スケール「外国語教室不安測度」FLCAS（Foreign Language Classroom Anxiety Scale）を開発しました。不安の大きい学生を集めてトレーニングセッションを行うなどの臨床的な経験に基づき、外国語学習状況で最も不安が高くなるのは、聞く活動と 話す活動であること、特に外国語で「話す」という行為が最も強い不安の引き金となることを見出しています。この臨床経験は、FLCAS の開発に活かされています。この測度の概念基盤として、ホロビッツらは、1）対人コミュニケーション不安（communication apprehension）2）テスト不安（test anxiety）3）否定的な評価に対する不安（fear of negative evaluation）をあげています 。教室という他者の評価を意識しやすい状況を想定し、コミュニケーションや社会的な側面を強調した測度であると言えるでしょう。

　この後、動機づけの研究などと合わせて利用するために、使い易い短い尺度も作成されています。（例 Ryan, S. 2009，日本語訳 Box3-5 参照）

♟ Box3-5 英語使用不安尺度の項目 （Ryan, S. 2009）

1．英語を話せる人が私の英語を変だと思うのではないかと心配だ。
2．英語を話す人に出会うと緊張する。
3．英語の授業で話すときは、緊張し混乱する。
4．英語の授業で自分からすすんで答えを言うのは苦手だ。
5．英語の母語話者と話すとき落ち着かないと思う。

6．英語で外国人に道を尋ねられたら緊張すると思う。

　この他、外国語不安を理解する方法としては、学習者を観察すること、面
接法、日記をつけさせるなど質的な方法もよく使われるようになってきまし
た（例えば Yan & Horwitz, 2008）。またグリガーソンは顔の表情やジェス
チャーなど非言語情報から学習者の不安を読み取る可能性を調査し、非言語
メッセージの重要性を指摘しています（Gregersen, 2005）。
　日本語学習者を対象とした、不安の尺度開発に関する研究（元田，2005）
があります。日本語学習者の場合、教室内で学習する場合と教室外の様々な
場面で日本語を使う場合では不安に与える要因が異なるという認識に基づき、
教室内と外の2種類の尺度を開発しています。

3.5 外国語不安と習熟度

　不安が外国語学習の認知的プロセスに影響するのであれば、学習の結果と
しての習熟度や習得度に影響すると予測できます。これについては、多くの
研究者が、不安の測定値と外国語の成績やテスト結果の相関を取ることによ
り、不安と外国語の習得度や成績に負の相関があることを示しています。（例
Aida, 1994; Clément, Dörnyei & Noels, 1994; Dewaele, 2007; Ehrman, 1996;
Gardner & MacIntyre, 1993; Young, 1986）。これらは、すべて横断的な研究
であるので、不安をもっているとどのように認知過程に影響し、それがどの
ように長期的に学習に影響するのかというような疑問には答えていません。
　また、不安は否定的な影響だけではなく学習を助ける不安（facilitating
anxiety）があるという考え方も提示されています。学習者が対応できる程度
の適度な不安や緊張であれば学習を助ける面があることは確かですが、こと

さら教育の中で不安を上げることを奨励するべきではないというのが今の一般的な考え方のようです（MacIntyre, 2016）。適度の緊張感は学習を助けると思われますが、人によって適度と感じる緊張のレベルには個人差があるので、不安の影響については人によって学習を助ける場合と妨げる場合があるという言い方はできます。（適度な緊張は学習を助けることもあるが、通常緊張は学習を妨げるという言い方をしても良いでしょう。）しかし、両者は特に質的に明確に区別できるものではないと本書では考えています（Box3-6 参照）。

3.6 教科としての外国語学習と不安

「外国語」という教科を考えるとき、文法や読解で成績の良い学生が必ずしも「話す・聞く」ことを中心とした授業が得意とは限らないようです。それは、スキーハン（Skehan, 1991）が指摘するように性格が関与するからでしょう。性格と学習の関係では、マッキンタイアがスキーハン の指摘を受けて次のように述べています。

　　　スキーハン（1991）など研究者が指摘するように、学校の科目は通常内向的な生徒のほうが成績が良い。しかし、外向的な学習者の方が言語学習に関わるコミュニケーション活動を楽しむ傾向がある。内向的な人は言語学習を他の学習と全く異なった経験と受けとめるかもしれない。
（"As noted by Skehan（1991）and others, a shy, introverted personality will usually do well in most school subjects. However, the extrovert is more likely to enjoy the communication associated with language learning; thus the introvert may find language learning to be very different experience."）（MacIntyre, 1999, p.31）

これは、明らかに教室内に外国語を用いた自然のコミュニケーションが起こることを前提としたコメントです。このように、これまで北米を中心に行わ

3. 外国語の学習に関わる不安 ─ Language Anxiety ─

れてきた外国語不安研究は、教室内で話す活動や伝達活動が頻繁に行われ、
教室がコミュニケーションの空間であることを前提としているのです（Box3-
6 参照）。

🍄 Box3-6 性格と外国語学習

　第二言語習得と外向的性格・内向的性格との関係については、個人差研
究の一環として研究が行われてきた。多くの研究者が、外向的な性格をもっ
ていると目標話者との接触頻度や教室内での使用頻度が多くなるため、第
二言語学習をする上で有利と考えているが（Rossier, 1975; Rubin &
Thomson, 1994; Seliger, 1977）、日本人英語学習者を対象とした教室場面で
の研究では、性格による習得度の差が認められないか、むしろ内向性が若
干有利という結果が出ている（Busch, 1982）。八島（1997）は、日本のよ
うに目標話者との日常的接触がなく、教室内でも自由意思の発話の機会が
限られている環境では、外向的な性格要因は関与しにくいと分析している。
しかし、滞米留学生のように、望めば目標言語話者との接触が可能な状況
で言語を習得する場合は、外向性が関与すると考えられる。つまり、第二
言語を使っての対人行動となると、外向的傾向をもった人の方が積極的に
なりやすく、言語習得も有利に進むと仮定できる。

　内向性と第二言語使用時の不安の高さは関係があるという研究がある。
Dewaele & Furnham（1999, 2000）の研究によると、内向的な人は心地よ
い覚醒レベルが低いという可能性がある。そのため不安を感じやすいとい
うのである。MacIntyre & Charos（1996）では、第二言語使用時の不安と
内向性の関係を認めている。また Gregarson & Horwitz（2002）は不安と
完全主義との関係を見出している。

| 第3章 | 外国語コミュニケーションと不安 |

　すでに述べたように外国語学習の中で最も不安をかきたてるのは、「話すこと」であると言われます（Horwitz, Horwitz, & Cope, 1985）。調査によると、人前で恥をかくこと、特に発音の悪さやうまく伝達できないことを恐れる傾向があるとされます。特にクラスメートの前で話すことが最も不安をかきたてるという指摘もあります（Price, 1991）。従来型の日本の文法・訳読式の外国語学習では、先生が一方的に講義したり、学習者は、発言を求められても日本語で訳したり、問題の正解を記号や単語で答えたりという程度であり、人前で外国語を用いて自分の考えを述べるなどの機会はあまりなかったと言えます。このような学習状況では、前述のスキーハンの指摘と異なり、内向的であっても、不安の高い人でもそんなに不利にはなりません（Box3-5 参照）。しかし、教室内にコミュニケーション活動が頻繁に取り入れられるようになるとどうなるでしょうか。自己呈示の失敗や自尊心が傷つく経験をすることや、クラスメートからの評価を意識することで、外国語の教室は以前になかった脅威となる可能性もあります。日本では、他の科目でも発表する機会が少ないのが普通です。教室内でコミュニケーション活動が頻繁に行われるにつれ、外国語の教室内で経験される不安の程度のアセスメントやこれが学習動機や学習行動にどのような影響を与えるかを研究する必要が高まっているのです。高校生を対象とした教室内での不安に関連した質的調査の結果をBox3-6 に示します。学生が自由に発言する機会の比較的多い学校において、「教室内で不安を低くするために先生にしてほしいこと」を尋ね、その回答をKJ法で分析したものです。

3. 外国語の学習に関わる不安 ― Language Anxiety ―

図3-3　英語を話すことに関して何が不安を和らげるか
高校生の回答の分析結果（KJ法）N＝81
Yashima & Zenuk-Nishide（2002）

3.7 不安を緩和する学習環境の創設

　FLCASのような測度により実際に第二言語を使用する際に経験される不安の個人差をある程度予測できるでしょう。不安の高い生徒を特定でき、指導上の資料にすることもできます。無論、教師と学習者の関係や、情緒的つながり（rapport）、学習者同士の人間関係や連帯、教室内の雰囲気やその他、様々な社会的状況的要因により、不安は日々変動することも忘れてはいけません。不安の個人差に対処することも必要ですが、学習者が不安を感じにく

第3章　外国語コミュニケーションと不安

い学習環境を創出する工夫も教師には求められます。オックスフォード
（Oxford, 1999）は不安を緩和するためのヒントを13項目にまとめています
（Box3-7）。また、かなり以前に提案されたものですが、不安の緩和を目的と
するサジェストピアという教授法を Box3-8 で紹介します。また、最近では
特に、ポジティブ心理学（positive psychology）の観点から不安を柔げるた
めの心の持ち方（ストラテジー）や自己制御の方法についても書かれててい
ます（Oxford, 2017）。不安軽減のストラテジーとは、自分の感情をモニター
し、悪い影響を与えるような思考を避け、否定的な信念を取り除き、できる
限りポジティブな方向に思考を向ける材料を集めるというような、ポジティ
ブ思考の訓練を意味します。

🏆 Box3-7 学習者が不安を感じにくい教室づくりのヒント Oxford（1999）

1）言語学習の際に直面する不安は一時的なもので、持続しないことを学
習者に理解させる。

2）外国語学習不安が慢性化している学習者に対しては、教室内で成功経
験を作り出し、自信を回復させる。

3）心地よい、恐怖感のない環境で、適度なリスクを伴う活動に参加させ
たり、曖昧さに耐えさせる。

4）学習者同士の競争心を下げる。

5）授業の目標を明確にし、その目標を達成するためのストラテジーを磨
かせる。

6）完璧でなくても発表してよいものとする。

7）音楽、笑い、ゲームなどでリラックスさせる。

8）曖昧性のない、生徒たちが良く知っている項目を使った、公正なテス
トを行う。

3. 外国語の学習に関わる不安 — Language Anxiety —

9）自分のパーフォーマンスを現実的に評価させる。

10）学習者にとって意味のある、且つ言語を使う助けとなるような報酬を与える。

11）学習者の学習スタイルやストラテジーの個人差を配慮した活動を行う。

12）不安の兆候を認識させ、どのような考えをもつと不安につながるかを意識させる。

13）自己との肯定的な対話で自分を激励し、否定的で不条理な考えを意識して取り除くように指導する。　　　　　　　　　　Oxford（1999）より

🏆 Box3-8 不安を緩和する学習法

サジェストピディア（Suggestopedia）

　ブルガリアの精神療法医であり教育者である Georgi Lozanov 博士によって提唱された暗示加速学習法。この方法は暗示を効果的に使用して、学習者から不安や緊張を取り除き、精神を集中させて学習効果を最大にしようとするものである。緊張、不安、恐怖感などは学習を妨げるが、すでに与えられたこれらの否定的な暗示を肯定的な暗示によって除去することを脱暗示と呼んでいる。この脱暗示によって得られる状態が幼児化や疑似受動性である。幼児化は人間の精神が幼児のように素直で柔軟な状態になることであり、潜在能力を活かす効果的な手段であると考えられている。実際の学習では、このような状態をクラシック音楽などを使って作り出す。その音量やリズムに合わせて教師が朗読する中、生徒は目を閉じリラックスして教師の声に集中するなどの方法が採られる。言語教育への応用が試みられてきた（安藤昭一編（1991）「英語教育現代キーワード事典（p.179-181）」より）。

第3章　外国語コミュニケーションと不安

3.8 技能別不安の研究

　図 3-2 で不安の生起過程について、入力・処理・出力のどの側面でも起こりうることを示しましたが、不安の研究として、技能別、タスク別の研究も行われています。サイトウのグループ（Saito, Horwitz, & Garza, 1999）は、フランス語、ロシア語、日本語を学習するアメリカ人を対象に、リーディングの際の不安の測定を試みています。FLCAS によって測定された学習者の一般的な不安は、目標言語によって差はなかったにも関わらず、リーディング不安は日本語、フランス語、ロシア語の順に不安が高かったと報告しています。文字の特徴が関係しているのかもしれません。また、英語を学習する台湾人を対象にライティング不安と FLCAS の結果を比較し、話す不安を中心とした FLCAS やこれまでの不安研究と若干異なったライティング不安の実態を浮き彫りにした研究も報告されています（Cheng, Horwitz, & Schallert, 1999）。ボーグリー（Vogely, 1998）はリスニング不安の調査を報告しており、技能別に不安の要因や特徴を調べる研究が増えています。

　「読む」ことも「書く」ことも、書き手から影響を受けたり、読み手に影響を与える過程であり、重要なコミュニケーションであると考えます。しかし、書き言葉の処理には時間的余裕があり、即座の反応を求められませんし、対人対面ではないので、コミュニケーション不安は比較的低いのではないかと思われます。しかし、時間制限のある速読や、評価の対象になっているライティングは、むしろ否定的評価に対する不安や、テスト不安が関係しているかもしれません。

3.9 最近の外国語不安研究

　不安の測定には FLCAS などの質問紙が主に使われてきましたが、その弱点は、不安が生じるメカニズムや変化を見ることができないという点です。

ヤンとホロブイッツ（Yan & Horwitz, 2008）は面接により、不安が動機づけや適性など他の心理的要因や社会的・環境的要因（教師の特徴、親の影響、教室内の配置）と複雑に組み合わさって学習者に影響を与える様相を見ようとした質的研究です。質的とはいえ、関連要因を見出し、要因間の関係を見たという点では、量的志向性の強い質的研究ということができます。

　第1章で紹介した複雑系理論（CDST）の影響を背景に、第二言語を使用している最中に、不安などの感情が一刻一刻変化する様相を捉えるために、マッキンタイアらが開発した方法があります（MacIntyre & Legatto, 2011）。この方法については第5章の Willingness to communicate（WTC）の関連で詳しく説明しますが、ビデオを見ながら行う刺激回想法（Stimulated recall）により、与えられたトピックでスピーチをするときに WTC が激しく上下する様子とその変化の原因を探って行きます。その中で、語彙が出てこない時に不安が高くなるなど、不安や緊張についての言及も多く見られました。この方法は不安研究にも用いられています（Gregerson, MacIntyre, & Meza, 2014; Gregersen, MacIntyre, & Olson, 2017）。このように、ここで数年の間に急激に不安の研究が増えてきました。学習者が置かれた状況の中で不安がどのように変化をしていくか、それにはどのような状況要因が関わるかを捉えようとする研究や、不安だけでなくポジティブな感情である楽しさも同時に捉えようとする研究（e.g., Dewaele &MacIntyre, 2016）が最近の特徴と言えるでしょう。

4．異文化接触の不安

　外国語を使うことに関わる情動とは別に、異文化接触場面においては、異質な文化背景をもった人に対する違和感や不安を感じることがあります。人間は慣れ親しんだ状況に安心感を抱き、異質なもの、新奇なものに対する違

第3章 外国語コミュニケーションと不安

和感を覚えやすいのです。これがエスノセントリズムの源となる情動です。異文化コミュニケーションの場面で経験する、相手のもつ異質さへの不安にはいろいろな要因がありえます。容姿の違い、対人距離や視線など非言語コミュニケーションの違いも違和感を喚起しやすいですし、当然ことばが通じないということも異質さを感じさせる要因です。それゆえ、お互いのコミュニケーションを可能にする共通の言語をもつことは、違和感をかなり低下します。しかし、個人が内面化した深層文化（価値観や信念体系）を理解できないことからくる、行動解釈の齟齬や意味の共有の難しさなどを乗り越えるには、その文化の人々が歴史的に継承してきた価値観や行動の基準、認知的枠組みを理解することが必要となります。

　グディカンスト（Gudykunst, 1993）は、異文化コミュニケーションのプロセスを「不確実性の低下理論」で説明を試みています（第2章参照）。この理論は49もの法則から構成されていますが、本章に関連のあるものをいくつか挙げてみると、「相手の行動を予測できればできるほど不安は低下する」「安心感が高まると不安は低下する」「異文化の相手との接触動機が強いほど不安は低下する」「自尊心の拠り所として内グループに依存するほど異文化の相手に対する不安は高まる」「異文化の相手の言語を理解できるほど不安や不確実性は低下する」「自文化と相手文化の類似点と相違点を理解しているほど不確実性を低下することができる」「自分と相手の間に類似点を認知するほど不安は低下する」などです。そのほか、認知的な複雑さや曖昧な状況に対する耐性などをもつことが、不確実性や不安の低下につながり、異文化接触を順調に進めるのに役立つという点についても論じています。外国語学習者が教室から出て外国語を使う場面は、多くの場合異文化接触場面でもあるでしょう。外国語不安を異文化接触の不安との関連から見るという視点も必要です。

　異なった他者との相互作用を通して、自己を開き、他者を知るというプロ

セスには異質なものや新奇な状況への不安を抑制し、心を開いていくことが必要となります。異文化との接触とコミュニケーションについては、第6章で扱います。

Discussion

1．外国語の教室の中で不安が高まる要因を考えてみよう。

2．不安を下げる外国語教授法を考案してみよう。

3．外国語を話すことで別人になるとか別の個性を演出する可能性があるか考えてみよう。

4．外国語でコミュニケーションを図る経験を積むことにより、母語の対人コミュニケーション傾向に変化が起こる可能性があるだろうか。

5．外国語に習熟すると、それにつれて外国語を使う時の不安は低下するのだろうか？

第4章　外国語学習の動機とコミュニケーション

　コミュニケーションを目的として外国語の学習を開始することは異文化との対話をめざして歩み始めることです。つまり、自分といろいろな点で異なる人たちと、意味の交渉・相互作用・意味の共有をしながら、対話を開いていくプロセスです。新たな人との出会いは自分を取り巻く世界を広げますが、外国語を使うことにより、出会える人の範囲が広がります。

　しかし、現状をみると、学習者は必ずしも異文化との対話を想定して外国語を学習しているわけではありません。大学入試の科目として重要だから勉強する生徒、将来留学することを希望している大学生、仕事で必要にせまられて学習を開始する人、それぞれの人が人生の様々な場面で、違った理由で外国語の学習に時間をさくことを選択しています。学校教育のように必修科目として学習する場合と、海外赴任をひかえたビジネスマンが自己選択により学習する場合では、当然その意味づけが異なります。しかし、言語が根源的に人と人をつなぐものである以上、その学習が効果的なものになるためには、根底に人をコミュニケーションに開いていく動機が必要なはずです。本書ではこの観点から外国語を学習する動機づけを考えます。

　外国語の教師は外国語が得意だったり学習そのものが好きなので、メタ言語的な分析に興味を持ち、外国語を声に出すことが好きで、暗唱やパターンプラクティスをも楽しめる人が多いようです。しかし学習者が皆そうとは限りません。第3章で見てきたように、外国語学習、特にコミュニケーションは自我の脅威となる側面もあり、情意面の配慮も必要になります。中学校の必修科目である英語についての調査では、苦手意識を持つ生徒が多く、中学1年の3学期までに、当初の学習意欲が著しく低下することがわかっていま

第4章　　外国語学習の動機とコミュニケーション

す（ベネッセ、2009）。大学を含む学校教育場面では、いかに外国語（特に英語）学習の「やる気を持続させるか」ということが大きな課題となっており、そのため、動機づけ（motivation）は応用言語学の研究分野として注目を集め、特に急速に研究が蓄積しています。

　本章では、研究の系譜を辿り、様々な理論を整理しながら、特にコミュニケーションという観点から外国語の学習動機をみていきます。

1．外国語学習動機づけの定義

　動機づけ（motivation）とは、「人間がある行動を選択するか、それをやり続けるか、そのためにどの程度時間やエネルギーを費やすか」ということに関連する要因を表す概念です。ドルニェイ（Dörnyei, 2001a, p.8）は、同じことを "Why do people decide to do something?　How long are they willing to sustain the activity? How hard are they going to pursue it?" という 3 つの質問に関係する概念であるという言い方をしています。

　「動機」ということばは、推理小説の中でてくる殺人の動機（motive）のように、行動の理由や目的を指します。しかし「動機づけ」は、上の定義にも見られるように、はるかに広い意味内容を含んでおり、行動の理由や目的はその一部にすぎません。動機づけの研究は心理学の中心的な分野で、学習動機づけは主に教育心理学で扱われる学習にフォーカスした動機づけをさします。学習動機づけとなると、勉強をする意欲や「やる気」という表現の方が一般的ですが、これも上の定義を包括しているとは言えません。またこの表現には「やる気があるのはよいこと」という価値判断が内包されているため、"motivation" の訳語としては、ニュートラルな「動機づけ」ということばが使われることが多いようです。さて学習動機づけをさらに第二言語や外国語の学習に焦点化したのが外国語学習動機づけということになります。外

74

国語の習得と学習を扱う SLA では、動機づけの方向性、つまり学習の理由や目的（goal, ガードナー（Gardner, 1985）の用語では orientation）と、その方向に向かって行う意欲・努力の大きさを分けて考えてきました。ベクトルに表すと、ベクトルの向きが学習理由や目的、ベクトルの長さがやる気の大きさということになります。上の定義に戻ると、このうえに、どの程度持続するかという時間軸を加え、3つの次元について考えなければならないということです。

　教科としての外国語の学習動機づけのメカニズムを扱うには、教育心理学的な動機づけに関する知見が役立ちます。一方、外国語学習は、学校で習う教科として重要なだけではなく、人と人のコミュニケーションや、コミュニティに参加していくためのことばの習得をめざすものですが、この点に関連した動機づけを考えることも必要となるわけです。そうなるとコミュニケーションの動機や異文化背景をもった人と接触する動機なども関わってきます。

2. 外国語学習動機研究の系譜

　前述のように学習の動機づけ研究は主として教育心理学で扱われてきましたが、外国語学習の動機づけの研究は、異文化の共存に関心をもつカナダの社会心理学者たちによって始められました。彼らは SLA 研究の創成期である1960年ごろ、第二言語習得の決定的要因と考えられていた言語学習適性（language learning aptitude）に対して、情意要因の関与を証明することに興味を持っていました。知能や適性が第二言語習得を決定してしまうのであれば、教育的介入の余地はありません。むしろ目標言語を話す人々とコミュニケーションをしたいという気持ちが大事なのではないかと考え、目標文化や目標言語を話す人への肯定的な態度、そしてそれにもとづく言語学習動機（統合的動機）の重要性を証明しようとしたのでした。

第4章　外国語学習の動機とコミュニケーション

　それ以後1990年ごろまでは、ガードナーに代表される、異文化や他民族への肯定的な態度にもとづく「統合的動機」と実用的な目的のための「道具的動機」という枠組みが、応用言語学における動機づけ研究の中心でした（表4‐1及び　次節参照）。しかし、ガードナーらによる研究は、目標言語話者への態度・学習意欲の強さなどの個人差が、言語習熟度の個人差をどの程度説明するかということの解明に焦点があり、「生徒をどのように動機づけるか」という外国語教育実践者の関心に答えるものではなかったのです。このため、1990年ごろより現実的な教育実践のニーズに応えうる動機づけ研究の必要性が唱えられるようになり、逆に教育心理学の研究にその解決策を求めていったのです。クルックスとシュミット（Crooks & Schmdit, 1991）の論文は、学習環境に即した新たなモデルの必要性を強調し、学習動機研究を再燃させるきっかけとなった論文のひとつです。ドルニェイとウシオダでは（Dörnyei & Ushioda, 2011）は、このあたりから2005年ごろまでを「認知・状況期」さらにそれに続く時期を「プロセス重視期」と呼んでいます。

　第二言語学習動機づけの研究はそれ以降もさらに多様化し、主にドルニェイによって理論が提案されます。同時期に第二言語習得論においてもソーシャル・ターン（Block, 2003）と言われるパラダイムの転換が見られ、言語習得を社会的なものと考える様々なアプローチが研究に影響するようになりました（第1章、本章後述参照）。こういった流れの中で、ドルニェイは次々と新しい理論やモデルを提案していきます。とりわけ大きいインパクトがあったのは「L2動機づけ自己システム理論」、複雑系理論を使ったアプローチ、ダイナミック・カレント（Dynamic Motivational Currents）理論などです。自らが仕掛け人であるこのフェーズをドルニェイは「社会的ダイナミック期」と呼んでいます。

　現在はまさに表4‐1の第3期にあるのですが、他のアプローチが消えたわ

けではありません。社会心理学的なアプローチは、批判されながらも、その量的・横断的研究方法を踏襲しながら、外国語を学習する理由・目的を様々な学習環境で調査したり、言語不安、態度、信念など他の学習者要因との関連を見るなどの展開を見せています。一方教育心理学的なアプローチは、心理学の強固な理論基盤をベースに、多くの介入研究に使われています。次節から、様々なアプローチを整理する意味で、まずは図に示した3つのフェーズにそって説明をしていきます。初期の1）社会心理学的な理論と研究のアプローチについて簡単に論じた後、2）教育心理学的な理論と研究のアプローチ、そして3）学習動機研究の新たな展開として「社会的ダイナミック期」について、それぞれ主要な理論を紹介し、必要に応じて研究例を紹介していきます。

　最近では、社会科学におけるパラダイムシフトのうねりの中で、動機づけの研究方法にも変化が見られます。量的研究から質的研究、さらには混合法など、研究方法も多様化していますので、この点についても少し触れたいと

表4-1　外国語学習動機づけ研究の歴史的流れ

第1期　1970年〜	社会心理学的な研究
＊社会心理学期	統合的・道具的動機
第2期　1990年〜	教育心理学的な研究
＊認知・状況期	帰属理論　目標理論　自己決定論など
	動機づけストラテジー
＊プロセス重視期	プロセス・モデル　時間軸
第3期　2005年〜	多様な動機づけ研究の展開
＊社会的ダイナミック期	Person-in-context 関係性モデル
	L2 動機づけ自己システム論
	コンプレックス・ダイナミック・システム理論
	（CDST）
	ソーシャル・ターンの影響

＊ Dornyei & Ushioda（2011）に基づく分類

思います。

3．社会心理学的な動機づけ研究アプローチ

　心理学における動機づけ研究が、人間がものごとをする動機を普遍的に扱っているのに対し、応用言語学における学習動機研究の先駆けとなった社会心理学的な研究は、外国語の学習の特殊性に注目したものと言えます。言語とは、あるグループの人々が日常に用い、その人たちのアイデンティティの核となるものです。その言語を学習することには、通常の教科学習とは違う意味があります。つまり民族間の関係や異文化・異民族への態度などが、相手の言語を学習する動機や成果に関係することに注目した学習動機研究なのです。教育実践の改善に直ちに役立たないということで批判も受けましたが、本書のテーマであるコミュニケーションの観点から動機づけを考える場合、ガードナー（Gardner）、クレマン（Clément）、ジャイルズ（Giles）など社会心理学者の研究やそれらが示唆することには、決して軽視できない重要性があります。

3.1 ガードナーの研究と「統合的動機」

　1960年ごろより、カナダの社会心理学者達は、言語学習の成果に影響する要因として、目標言語文化やその話者への態度が言語学習に及ぼす影響について研究を積み重ねてきました。文化背景や言語の異なる二つの民族が、日常的に接触する社会において（日常的に接触せずともカナダのように国家が二言語政策をとっているためお互いの存在を意識せざるを得ない状況で）、相手の言語を学習し、運用能力を高める努力を維持するためには、社会的動機と情意的な変数が存在すると考えたのです。ガードナーとランバート（Gardner & Lambert, 1972）では、目標文化やその言語を話す人々に対して好意的、友

好的な感情をもっていること、さらにはその文化の一員になりたいという気持ちを持っていることが、学習意欲を起こし、結果的に第二言語能力を上昇させると考えました。彼らはこれを「統合的動機（integrative motivation）」と呼び、就職や進学、職業的な成功など実利的な学習目標を指す「道具的動機（instrumental motivation）」と対比させました。ガードナーは、カナダにおける膨大な量の実証研究を重ね、統合的動機こそが言語学習の意欲を高め、言語の習熟につながるという因果モデルを検証したのです。彼の提示したモデルの一部は図4-1のように表されています。

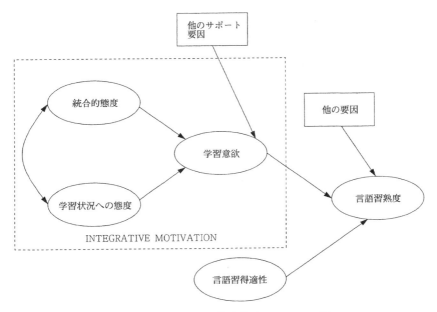

図4-1　Gardnerの社会教育モデルの一部
（Gardner, 2001）

3.2 多文化社会における第二言語習得動機づけ研究：クレマンの研究

　カナダのように異言語異民族話者が共存する社会において、第二言語の動機づけ研究が異グループへの態度と結びついたことはよく理解できます。どちらかというとガードナーは多数派言語の英語話者が少数派言語であるフランス語を学習する際の動機を中心に研究しました。これに対し、自らがフランス語話者であるクレマンは、あるコンテキストにおいて、目標言語が多数派言語か少数派言語かという点を考慮に入れたモデルを構築しようとしました。(たとえばカナダ全体では英語が多数派言語ですが、ケベック州はフランス語が多数派言語の州です。)クレマン(Clément & Kruidenier, 1985)のモデルでは、目標言語話者との良好な接触をもった結果、その言語を使うことに対して自信を得ることができ、この自信がその言語を学習しようという動機の形成につながることを実証的に示しました。また、統合的動機が妥当な概念となりえるのは多数派言語グループが少数派言語を学習する場合であるとし、少数派言語グループが多数派の言語を学習する場合により当てはまりのよい概念として、「同化への抵抗 (fear of assimilation)」を提案しました (Clément, 1986)。つまり少数派は、多数派に同化するにつれ母語を喪失する危機に直面するため、「統合的態度」というより「同化への抵抗感の低さ」という表現の方が的を得ているというのです。つまり、多数派・少数派言語の力関係を背景に、言語とアイデンティティの危機にさらせている移民（少数言語話者）の視点から移民先の言語を学習する際の心理を表したものなのです。

3.3 民族言語バイタリティ（ethnolinguistic vitality）

　民族言語バイタリティは、ある状況である言語を学習することのもつ意味を考える際に有用な社会心理学的概念で (Giles, Bourhis, & Taylor, 1977)、言語の持つ相対的力を表します。ジャイルズらによると１) 言語の社会的地

位，2）その言語話者の数・分布　3）制度上の支援体制の3要因により相対的な力が規定されると考えています。（もともと Giles, Bourhis, & Taylor (1977) はある言語を話すグループのもつバイタリティという意味で概念化しました）。上記の基準に照らすと、日本において英語は、母語話者の数こそ少ないもの、学校で必修科目として教えられており他の外国語と比べて民族言語バイタリティの強い言語ということができます。一般に民族言語バイタリティの強い外国語の方が、実用的価値が高い傾向にあり学習意欲がおこりやすいと仮定できます。しかし、逆に実用的価値が低い言語をわざわざ学習しようという人は、統合的動機が強い可能性が高く、純粋にその言語への興味を反映しているとも言えるのです。このように、ある社会における民族間の力関係やそれがどう認知されているかは、個人の外国語学習動機や意欲に影響するだけではなく、何語を必修にするかという言語教育政策にも深く関わります。民族言語バイタリティは、一つの国の中の異言語・民族間の力関係を表す概念ですが、これを国際社会に当てはめて考えてみると、英語のもつバイタリティの強さがわかります。事実上の国際語となっている英語学習への社会における必要性の認識はこういった力関係を背景にしているのです。

3.4 社会心理学的な研究その後

　外国語学習において、英語以外の言語、たとえばドイツ語の場合ドイツ人やドイツ文化への興味、中国語なら中国への興味というように、その言語が話される文化圏への興味や態度と動機づけとの関係は比較的わかりやすいと言えます。つまり学習動機を「統合的動機」で説明しやすいのです。一方、英語はアメリカ人やイギリス人など英語圏の言語文化への興味から学習する場合（統合的動機）と事実上の国際共通語として学習する場合の二面性があるので、むしろ学習理由や話者への態度は複雑な面があります。今の世界で

は、統合的動機を持っていないから英語を勉強しない、とは言っておられません。アメリカと友好的な関係にない国でも、国際語として英語の必要性を認識し、その教育を奨励します。

　異文化コミュニケーションの観点から言語学習の動機づけにアプローチするには、グループ間の関係史など歴史的な視点も必要となります。社会心理学的な動機づけ研究は、その国が置かれた社会状況を映し出すという意味で重要です。特に学習理由の長期的変化を見るとその国の歴史的な状況が見えてきます。例えば、ドルニェイとチゼー（Dörnyei & Csizer, 2002）は、ハンガリーにおいて1993年と1999年の２回に渡って英語、ドイツ語、フランス語、イタリア語、ロシア語の学習動機の調査を行っています。1989年に共産主義体制が崩壊した直後の10年間には、大きな社会的・政治的変化があったので、２回目の調査は、その変化を反映する結果となっています。第２回目の調査では、１回目と比べてロシア語への興味が失われ、英語をはじめとする西洋語への傾倒が顕著に表れています。一方、２回の調査では、どの言語においても学習理由として、「統合的動機」「道具的動機」「第二言語話者との直接接触」「文化的興味」「目標言語社会のバイタリティ」という因子が得られました。1993年の調査時期には、まだ社会主義体制の影響があった中で必修第一外国語として教えられてきたロシア語の教育効果が芳しくなかったことを、統合的動機の観点から論じています。現在ではロシアでも英語教育は盛んですが、どのような学習動機なのか興味のあるところです。

　イスラエルでヘブライ語を学習するアラブ人大学生の学習動機をガードナーの「統合的 -- 道具的」の切り口で調査したアブラビア（Abu-Rabia, 1998）では、学習者の学習理由はきわめて明確に道具的であり、ユダヤ人と友達になりたいというような統合的理由を積極的に否定しています。態度と学習効果との関係は報告されていませんが、統合－道具のダイコトミーを使うことに

3. 社会心理学的な動機づけ研究アプローチ

より学習者の非統合的な態度を浮き彫りにしたことは注目に値します。また続く研究ではカナダに移民したアラブ人の英語学習動機を調査し、女子学生の方が、男子学生より統合的傾向が強いことを示しました（Abu-Rabia, 1997）。アブラビアはジェンダー差の要因を、伝統的なイスラム社会における男女の役割や地位の違いに求め、女性にとって解放性の高い文化を志向する傾向を表していると推測しています。以上のような研究は、人間が外国語を学習する意味を考える上で多くの示唆を与えてくれます。

3.5 日本の EFL 状況における社会心理学的な研究

こういう中で、日本における外国語学習の理由・目的に注目した研究もあります。ヤシマ（Yashima, 2000）では、先行研究に基づき 36種類の学習理由をあげて約300人の日本人の大学生を対象に、それぞれの理由がどの程度重要かを評定させました。因子分析の結果、異文化への興味やアジアやアフリカの人も含む外国人との接触動機を表す「異文化友好オリエンテーション」、職業や資格試験をめざす傾向である「道具的オリエンテーション」など9つの因子に分かれましたが、この二つのオリエンテーションの相関はかなり高く（r = 0.6）、日本人大学生の場合異文化への興味と道具的動機の両方を併せもっている傾向が明らかになりました。（Box5-2 参照）

中学・高校・大学生を対象に行われた調査を総合すると（Kimura, Nakata, & Okumura, 2001; Yashima, 2000）、日本の学習者は英語の学習に対して、1）「受験・学校での成績・テスト・宿題」といったキーワードで表される短期的で具体的な目標と、2）「外国の人とのコミュニケーション・留学・国際的な仕事、国際人としての自己像」という漠然とした長期的な目標の両者を併せもっていると言えます。（Yashima, Zenuk-Nishide, & Shimizu, 2004）。しかし日本では、英語を日常的に話さない環境であることも影響し、短期的な

第4章　外国語学習の動機とコミュニケーション

― 🎤 Box4-1 日本人大学生の英語学習オリエンテーションと TOEFL の成績 ―

表4−2　学習目的（因子）と学習意欲と TOEFL の点数の相関

	学習意欲 （Motivation）	TOEFL
学習目的（Orientations）		
1．異文化友好	.68**	.24**
2．旅行	.60**	.21**
3．英米文化への興味	.60**	.20**
4．教科としての重要性	.38**	.18**
5．道具的動機	.72**	.31**
6．国際的職業への興味	.55**	.19**
7．英米音楽への興味	.29**	.11*
8．漠然とした必要性の認知	.05	−.03
9．情報の入手と発信	.33**	.12*
学習意欲（Motivational Intensity 　　　　　+Desire to Learn L2）		.37**

$**p < .01$　$*p < .05$　　　　　（Yashima, 2000）

　この表は、それぞれの因子に負荷した項目の点数の合計と、学習意欲の
強さ、TOEFL の点数の相関を出したものです。学習意欲及び TOEFL の
点数で表される習熟度との相関が最も高かったのは「道具的な目的」、つい
で「異文化友好」をめざす因子でした。カナダのガードナーの研究では道
具的な目的より統合的な目的を持つ方が高い習熟度につながるという結果
を出したのですが、日本での結果は異なっていました。また、「漠然とした
必要性の認識」に自分が当てはまると回答した学生が多かったのですが、
この傾向は、意欲や学習成果には結びつきにくいことをデータは示してい
ます。

目標をめざして日々の努力を積み重ねること、すなわち1）を目的にした学習が、2）の国際的な目標に具体的なゴールとして必ずしもつながっていかないのです。その結果、受験など短期の目的を果たすと学習意欲が低下する傾向にあります。この2）の傾向を構成概念として取り出したのが「国際的志向性」です（Yashima, 2002）です。これは目標言語文化への肯定的な態度である統合的動機をふまえ、英語を外国語として学習する EFL 環境により当てはまりの良い概念として提案したものです。

3.6 国際的志向性

　カナダの研究者によって提案された統合的動機は、日本のように、目標言語話者と日常的に接触する機会がない学習者の動機づけを考えるうえではあまり当てはまりがよくありません。私の調査では日本の大学生は、世界の多様な人々と英語でコミュニケーションを図ることにおおいに興味をもっていますが、英米人のように振る舞いたいとは思っていません。日本の学習者にとって英語は世界に開いた窓であり、日本語では意思疎通が取れない相手とコミュニケーションをとり世界につながるための道具なのです。つまり EFL 状況では統合的動機と道具的動機を切り離すことが難しく、また相手は英米人とは限らないのです。このような日本の外の世界や異文化と関わりを持つことに対する志向性を「国際的志向性」と呼び、国際的志向性を測定するための質問項目を考えました（次章 Box5-2 参照）。この測定道具を用いて、高校生、大学生を対象に調査を行ったのですが、その結果国際的志向性が強い人ほど、英語学習の意欲が強く、自発的にコミュニケーションを図る傾向（Willingness to communicate, 次章参照）が強いことが分かりました（Yashima, 2002, Yashima, Zenuk-Nishide, & Shimizu, 2004）。この結果をまとめたのが次章の図5-1です。国際的志向性は、コミュニケーションや異文化

第4章　外国語学習の動機とコミュニケーション

接触の動機と関連するので、第5章、6章で再度取り上げます。

　その後、動機づけ研究の方向は学習の理由や目的を考えるだけでなく「どのように学習者にやる気をおこさせるのか」という実践的な問いに答えるため、クルックスとシュミット（Crookes & Schmidt, 1991）の批判などを契機とし、教育現場のニーズに対応した "teacher-friendly" な研究への要請が高まっていったのはすでに述べたとおりです。そういう中で、外国語学習動機づけ研究は、教育心理学における動機づけ理論にその答えを求めていきます。この時期をドルニェイは認知状況期と呼んでいます。次節では、教育心理学における動機づけ理論を概観し、それぞれの理論がどのように外国語の学習に取り入れられてきたかをかを紹介します。

4．教育心理学における動機づけの理論と研究のアプローチ（認知・状況期）

　本節で見ていく教育心理学的な動機づけ理論は、普遍的な理論をめざしたもので、外国語に限らず多くの科目に共通する学習者の心理を扱っていると考えられます。

　ここでは、特に学習の動機づけを考えるうえで説明力があり、外国語教育に応用性が高いと考えられる3つの理論、期待価値理論、目標理論、自己決定論を紹介します。理論の選定や分類の枠組みについてはドルニェイ（Dörnyei, 2001）や上淵（2004）を参考にしました。ここでは日本の外国語教育の状況に引き寄せて解説や考察を加えることにします。

4.1 期待価値理論（expectancy-value theories）

　期待価値理論（e.g., Eccles and Wigfield, 1995）は、（1）成功への期待（expectancy of success）、つまり自分はあるタスクをうまくやり遂げること

ができると思うかどうかと、(2) 価値（value）、すなわちそのタスクをやり遂げることに価値をおくかどうか、という2つの要因が基礎になる理論の総称です。人はどんなにがんばってもできる見込みのないことをやりたいと思いません。また、簡単にできることでもやる価値がないと思うことはやる気がしません。つまり、人はある行動について成功する可能性とそれをする価値のバランスを取って行動を決定するのだという考え方です。ここでは期待価値理論としてくくられてきた理論や関連する理論をいくつか紹介しましょう。

1）達成動機理論（achievement motivation theory, Atkinson, 1964）

　この理論には、期待と価値に加えて「達成欲求」（何かを達成することに意義を感じる傾向）や「失敗の回避」（失敗は避けたいという気持ち）なども組み込まれています。達成動機は、「達成欲求の強さ　＋　成功の可能性の認知　＋　成功することで得られる価値」の総和から「失敗回避傾向」を差し引くという式で表すことができます。このように、成功への期待と失敗を避けたい気持ちの情動的葛藤から生じるという考え方です。

　では失敗を避けるために行動する、たとえば、入学試験に落ちないように勉強するという場合は、この理論とどう結びつくのでしょうか。失敗回避欲求が強いほどよく勉強するというように、この理論と逆になる可能性もあるわけで、日本の教育状況や文化的価値観などを十分考慮した上で、この理論をどう当てはめるかを考察する必要があるでしょう。

2）帰属理論（attribution theory, Weiner, 1992）

　これは、過去の経験をどう認知するか、その成功や失敗の原因を何に帰属させるかが次の行動に影響するという考え方です（Weiner, 1992）。たとえば入学試験に落ちたのは、自分が勉強しなかったからだと言うとき、失敗を自

分の努力不足に帰属させています。いや問題が妥当でなかったからだというと、課題の不適切さに原因を求めています。このように、失敗や成功をどう分析し、その原因をどう考えるか（認知するか）に関係する理論が帰属理論です。ワイナー（Weiner, 1992）は、学習に関わる失敗・成功の主な原因として、「能力」「課題の難しさ」「努力」「幸運」をあげており、要因を「安定性」（つまり可変かどうか）、「内在性」（原因は自分に内在するか）、「制御の可能性」（自分で制御できるかどうか）で分類できると考えています。たとえば、英語の成績が悪いことを自分の知能のせいにすると、比較的安定性が高く内在的で自分で制御しにくいものに帰属させているため、学習動機には結びつきにくいでしょう。一方、努力不足のせいにすると、可変で自ら制御できるものに帰属するゆえに、努力すればできるという前向きの発想につながりやすいということになります。先生（教え方・指導力のなさ・説明が下手など）への帰属、制度・教材内容（文法中心・受験英語ばかりでおもしろくない・難しすぎる）への帰属などは、責任を転嫁するという問題点もありますが、自分の学習意欲を自分で喚起するという自己制御の観点からは、自分の能力のなさに原因を帰属させ、無力感に陥るよりは好ましいとされます（Ushioda, 1996, 2001 参照）。一般に、能力や適性のように安定性があり制御できない原因に帰属させるより、可変で制御できる要因に帰属させる方が学習意欲に結びつきやすく、動機づけという意味では有効ということになります。

3）自己効力感理論（self-efficacy theory）Bandura（1993）

　これは、ある特定のタスクを遂行するための能力について、自分がどう判断するかに関連した理論です。バンデューラ（Bandura, 1993）によると、自己効力感は、以前の経験（以前に同じようなタスクができたどうか）、代理

学習（クラスメートなど他者の経験を通して自分にできるかどうかを判断すること）、他者の「君ならできるよ」というような励ましのことばや不安感の程度などが影響するとされます。外国語の学習の場合、目に見えて上達したという実感を持つことが難しいので、「自分はできない」、「自分に向いていない」という信念をもってしまうと、学習意欲を喪失しがちです。また、学習そのものは嫌いでなくても、人前で話す時にうまく言えなかったり、発音の悪さを自覚した場合などは、自己効力感は低下します。口頭のコミュニケーション活動は、ライティングのような時間的制約が比較的少ない活動と違って、人前で即座に自己呈示を要求されるため、ここでの自己効力感の低下は対人不安や自尊心とも複雑に絡むのです。

4）自己価値理論（self-worth theory）（Covington, 1992）

　人は、競争に直面した場合や失敗の経験、否定的なフィードバックに対して自分の価値を確認し維持したいという要求をもちます。この心理に関係した理論が自己価値理論です。

　学校でなんらかのタスクをうまくできないと自尊心が傷つくような場合、子供は自尊心を守るための行動をとることがあります。たとえば、勉強をしないでテストを受けると、テストの点が悪くても努力しなかったせいにできますが、努力したのに結果が悪いとそうはいきません。自分の能力に帰属させると自尊心が傷つくので、はじめから努力しないのです。外国語学習の事例では、スピーチをするよう指名されても、話すことを拒否する生徒がいます。やってみてうまくできないと自らの能力を認めざるを得ないが、反抗的な態度で拒否する方が自尊心が保てるという場合があるのです（Dörnyei, 2011b）。

4.2 目標理論（Goal-Theories）

　人間の動機づけを、目標という観点から説明しようという理論の総称です。その前提に、人は設定された目的に向かって選択的に行動するという考え方があります。ドルニェイとウシオダ（Dörnyei & Ushioda, 2011）は、目標の具体性、目標達成の難易度、目的に対する個人の関わり方（目標の価値をどう認知するか）の違いが、行動に影響するという考え方を紹介しています。学習者にとって具体的で明確な目標、しかも努力すれば達成できる目標が設定されていることが学習意欲を高めるでしょう。言語学習のように長期的に努力を続けさせることが必要な場合、小テストのような近接した目標を頻繁に設けることは、学習行動を持続させる上で効果的と考えられます。また、検定試験の合格など具体的目標に向かって学習することも、自己動機づけの方法としては有効でしょう。たとえば「仕事で英語が使える人になる」という長期的でやや抽象的な目標に向かって、「ビジネス英語のセミナーを受ける」「会話のテープを毎日聞く」など下位の具体的な目標を設定するなど、目標に階層を持たせることもできます（図4-2）。

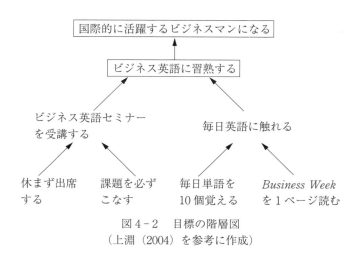

図4-2　目標の階層図
（上淵（2004）を参考に作成）

本章 5.2 で紹介する第二言語動機づけ自己システム理論は「理想自己」「義務自己」という未来の自己像を基盤にしていますが、この理論は目標理論の一種とも言えます。

4.3 自己決定理論（Self-determination Theory）

自己決定理論（Deci & Ryan, R. 1985, Ryan, R. & Deci, 2000ab）は、汎用性が高く非常によく知られている理論のひとつで、人間は生得的に、自分が興味を持ったものごとに取り組み、適度な挑戦を求め、成長しようとする、という人間観が基盤になっています。自分の行動は自ら選択したものか、やりたいという気持ちは自分の内から沸き出てきたものか、あるいは人に押し付けられたものか―自己決定理論はこのような問い立てをします。いわゆる内発的動機・外発的動機という概念を中心とする理論です。

内発的動機（intrinsic motivation）と外発的動機（extrinsic motivation）は、それぞれ次のように定義されています。

内発的動機：それをすること自体が目的で何かをすること、それをすること自体から喜びや満足感が得られるような行動に関連した動機（deals with behavior performed for its own sake in order to experience pleasure and satisfaction）。

外発的動機：金銭的な報酬や他者に認められることなど、何らかの具体的な目的を達成する手段として行う行動に関連した動機（deals with behavior as a means to end, or actions carried out to achieve some instrumental end, such as earning a reward or avoiding a punishment）。

従来から、学習に関しては内発的動機を持たせることが好ましいと考えられており、努力や成果に対して報酬を与えることは、報酬のための行動を促すことであり望ましくないとされてきました。しかし、内発的動機と外発的

第4章　外国語学習の動機とコミュニケーション

動機に負の関係は認められておらず、両者の関係はもっと複雑なものである
と考えられます（岩脇，1996）。

　内発的動機・外発的動機の二分法について、より細分化する理論が最近提
案されています。バレイランド（Vallerand, 1997）は内発的動機には、知識
（知識を得ることが楽しく満足感をもたらす）、達成感（自分の能力を伸ばす、
何かをやり遂げることから得られる喜びをもとめる）、刺激（そのタスクを行
うこと自体から得られる興奮・刺激・喜び）の３つの側面があるとします。
一方外発的動機については、ライアンとデシ（Ryan, R. & Deci, 2000ab）が、
自己決定の度合いにより４種類に分類しています。一口に外発的動機と言っ
ても、自己決定の度合いの低いものから、高いものまであり、非常に自己決
定度の高い外発的動機もありえるのです。これは、表4-2のようにまとめる
ことができます。

表4-2　自己決定論に基づく外発的動機の階層

most self-determined（最も自己決定度が高い）	
Integrated regulation（統合的調整）	目標の階層的統合、調和。自分の価値観や必要性、アイデンティティなどと調和の取れた選択的行動。（例：視野の広い国際人となることが、自分が価値をおくことがだから）
Identified regulation（同一化調整）	活動の意識的価値付け、目標の自己是認。その活動に価値をおきその有用性を認識して個人的に意味のある目的のために行う（例：海外で音楽を学ぶために必要だから）
Introjected regulation（取り入れ的調整）	自分や他者からの承認に注目。自分で課したルールを守らないといけないという気持ち（例：毎日勉強すると決めたので、しないと罪悪感をもつ）
External regulation（外的調整）	外的報酬や罰。報酬が目的など完全に外的な力に制御される（例：単位を取るため、叱られるのがいやだから）
least self-determined（最も自己決定度が低い）	

4.3.1 3つの基本的欲求について

　この理論では、人が内発的動機を高めていくためには、「自律性」「有能性」「関係性」という心理的欲求が満たされることが必要であると考えています。また外発的な行動でも自己決定度が高まり、活動が自己に統合されたものとなっていく（表4-2の下から上への変化が起こる）ためにも、この3欲求が必要です。自律性への欲求が満たされている状態とは、その活動を自分の意思でやっている、とか自分が選んでやっているという認識を持っていることです。また、自分の考えや気持が理解され、受け入れられているという感じを持てる環境が自律性をサポートします。有能感は、できるという実感や上達しているという実感のことを指します。さらに関係性に対する満足感とは、その活動をすることを、周りの人たち、つまり親や先生が気にかけてくれたり認めてくれるという感じを持つことや、みんなで一緒にやっているという感じを持つことです。この3つの欲求が満足されると、内発性が高まったり、外発的な動機で行う活動でも、自己に統合されたものになっていくと考えられています。

　この3つの欲求の相対的重要性について、デシとライアンは自律性が最も重要と考えていますが、これはアメリカの価値観を反映しているように思われます。日本の英語教育の状況では、自律性よりも有能感の方が内発的動機を高めるために重要という報告があります（廣森，2006）。つまり「できるという実感」が意欲を高めるのに極めて大事ということなのです。

4.3.2 学習を継続するメカニズム

　生徒にとって学校での英語学習は必ずしも自分が選んで始めたことではありません。その学習が持続するためには、自己決定論で想定されている、有能感、すなわち「できるという実感」が重要です。やっているうちに、でき

るようになり、できるという実感を持つとまたやる気が起こり、学習行動を続けるという良い循環を作りだすことが必要となります（八島，2014）。表4-2にそって考えると、たとえば最初は、宿題だからしかたなくやり始めた音読が、毎日やっていくうちに上達しているという実感がもてるようになり、さらに続けていくという循環が生まれ、自主的に学習に取り組むようになっていきます。このとき活動は自分で決定したものになります。テストのための学習であっても、親に叱られるのがいやだからしぶしぶやるのと、良い点を取りたいと自分で決めてやろうとするのでは、自己決定の度合いが違います。前者は、表4-2の外的調整、後者は取り入れ的調整に当たります。さらに留学したい、国際的なビジネスに関わりたいなど将来の自己像に向けて努力を始めるとなると、同一化調整となり、内発的ではないにしても、かなり自己概念に統合された学習となっていきます。また人によっては、活動が習慣化され、自分にとって自然なものとなってきます。ピアニストをめざす人が、毎日ピアノを何時間も引くことが日課となり、それが自分のアイデンティティの一部となっていくことがあります。このような変化がおこるためには、3欲求の充足、すなわち「上達しているという実感」や「周りの人が認めてくれているという認識」そして「押しつけられないこと」が大事となります。つまり「やらされている」から「自分の意思でやっている」への意識の変化をおこすこと、これが自律性の発達を促すことであり、自ら進んで活動を持続することにつながるのです。

4.4 教育心理学的な理論を用いた動機づけ研究からプロセス重視期へ

　前述のように、1990年代以降、それまで主流だった社会心理学的な動機づけ研究に加えて教育心理学的な理論を用いた研究が増えてきました。自己決定論の枠組みを使った研究としては、ノエルズのグループのもの（Noels,

Clément, & Pelletier, 1999; Noels, Pelletier, Clément, & Vallerand, 2000）が
あります。その１つでは自己決定の程度によって内発性と外発性を説明した
デシとライアンの理論の妥当性を相関分析により検証しました（Noels et al.,
2000）。さらにその後の論文（Noels, 2001）では、学習者が教師のコミュニ
ケーション・スタイル、教師の管理度をどう認知するかとが、自己決定度に
どのように影響するかを調査しており、実践的な色彩を濃くしています。一
方、林（2012）は、自己決定論を用いて動機づけの変化を分析し、丁寧に理
論の意味を読み解こうとした研究です。

　ウシオダ（Ushioda, 1996, 2001）やウイリアムズとバーデン（Williams &
Burden, 1999）の面接を中心とした質的研究は、帰属理論をデータの解釈に
用いている例です。量的調査を用いて要因間の関連を見たり、全体の傾向を
見ようとするのが長い間動機づけ研究の中心でしたが、一人一人の学習者の
動機づけを理解しようとすると、ケーススタディなどの質的研究が必要とな
ります。また１回の横断調査で変数間の関連や傾向を見るだけでなく、学習
動機が時間的経過とともにどのように変化するかを見る長期的な研究、教育
的介入によりどのように変化するかを見る介入研究も重要です（中田・木村・
八島, 2003）。日本ではまた、教育現場において、いかに学習者を動機づける
か、つまりやる気を起こしそれを維持するか、という実践的な課題に直接応
えようとする研究が蓄積されてきました。たとえば、英語学習意欲が持続し
ない状況に注目し、動機が低下する原因を探る研究（Kikuchi, 2015）や、自
ら学習行動を制御し調整できる生徒を育てようとする研究（Nakata, 2010）
があります。Nakata（2016）は、自己調整学習理論（Zimmerman, 1990）を
基盤とした介入を行い、学習者が自らの学習をコントロールし、評価し、調
整する力、さらには教師や他の学習者と共同で、共に制御力を高めていく様
子を、観察、質問紙、インタビューなどを使って描いています。また、自己

第4章　外国語学習の動機とコミュニケーション

決定論の枠組みで、3つの欲求を満たすような授業実践をデザインすること
で、学習者の動機づけを高めようとする介入研究が多く行われ、全体として
は動機づけを高める上で良い結果が報告されています（Agawa & Takeuchi,
2017; Hiromori, 2006; 廣森・田中，2006; Maekawa & Yashima 2012; Nishida,
2013; 田中・廣森，2007）。さらに動機づけを高めるための実践的なアプロー
チとして、教育心理学的な理論をベースにした動機づけストラテジーも提案
されました。この詳細は次節で説明します。

　このあたりから、ドルニェイとウシオダの枠組みでは「プロセス重視期」
に入ります。ウシオダはこの頃、時間軸を重要視したモデルを提案し（Dörnyei
& Ushioda, 2011, p.63 参照）、またドルニェイは、プリアクション・アクショ
ン・ポストアクションの3相から構成されるやや複雑なプロセス・モデルを
提示しました（Dörnyei & Otto, 1998）。しかしこれらのモデルが浸透する前
に、動機づけ研究は目まぐるしく次の「社会的ダイナミック期」に突入した
感があります。しかし、プロセス重視期の変化を見るという姿勢はずっと踏
襲され、研究方法にも影響を与えています。教室の中でどのように動機が変
化するか、他者との関わりがどのように影響するかということを緻密に見る
には、エスノグラフィや談話分析なども必要となってきたのです。

4.5　動機づけストラテジー

　動機づけ研究の最も実践的なものとしては、どのように学習者を動機づけ
るのかという問いに真正面から答えた動機づけストラテジーの研究です。ド
ルニェイは、これまで述べてきたような教育心理学的な理論から得られる示
唆を基盤として、35種類のストラテジーにまとめています（Dörnyei, 2001b）。
一方教育工学の観点から、ケラー（Keller, 1987）は授業デザインのための動
機づけストラテジーを ARCS というモデルにまとめています。もともと数学

や理科などの教科を念頭においたもので、外国語教育の分野に特化したモデルではありません。ARCS はそれぞれ "Attention, Relevance, Confidence, Satisfaction," の頭文字を取ったもので、A では 視覚補助教材を使う、問いかけで始める、謎を作るなどいろいろな方法で注意を喚起することを指します。R は、学習者の目標や学習経験に関連させる、学習スタイルに合わせることなど。C はできるという意識を持たせるために、成功体験を通して自信を生み出す、努力に帰属させる、適切な難易度を維持するなどが含まれます。S では、褒める、認める、あるいは他の方法で学習の満足度を高めるとなっています。この 4 つの下に下位分類を設け、さらにその下に具体的なストラテジーとして授業内で教師ができる行為をリストにしています（Keller, 1987 を元に作成した具体例は Box4-2 を参照）。ARCS モデルは動機づけから授業デザインを考えるアプローチということができるでしょう。実際に私の研究室の大学院生がこのモデルを下敷きにして中学生用の教材を作成したり、達人教師のストラテジーを分析するなどの研究をしています。それによると達人教師は、ARCS を網羅する多様なストラテジーを使っていることがわかっています。

— 🎓 Box4-2 —

ケラーの ARCS モデルを日本の EFL に応用した動機づけストラテジー（八島，試作）

A1　生徒があっと驚くような話や、生徒の経験と矛盾するような事実を提示する。

A2　重要な概念を図式化したものや要素の関連図をみせる。

A3-1　教室で話すときに、声の調子、体の動き、ポーズなどを変化させる。

A3-2　教授方式を、情報の提供、練習、活動、テストなどいろいろ変える。

A3-3　教授媒体を、教壇で話す、ビデオを見せる、プリントを使うなど
　　　様々に変化させる。

A3-6　教師と生徒のインターアクションと生徒と生徒のインターアクショ
　　　ンをシフトさせる。

A4　ユーモアを交える。

A5-2　問題解決活動を定期的に入れる

A6　生徒が参加するゲーム、ロールプレイ、シミュレーションを使う。

R1　学習者の過去の経験やよく知っていることになぞらえた説明をする。

R2　学習内容の現在の価値を伝える。（例：I'm sorry I'm late." という表現
　　　を定着させるために、遅刻したら必ず言うように指導し、英語は使えば
　　　覚えることを教える。）

R3　学習内容を将来の活動に結びつけたり、将来役立つことを伝える。

R4　リスクは低いが達成感を味あわせるような活動に従事させる。（例：
　　　競争のあるゲーム）

R5-1　英語を使える人（卒業生など生徒のモデルとなる人）を授業に招く。

R5-2　早く終わった生徒にチューターの役を与える。

R6-2　学習をする上で、自ら選択できる余地を与える。

C1-1　教材などに明確で魅力ある学習目標を盛り込む

C1-2　明確な学習目標に基づく、自己評価ができるようなツールを渡す

C2　難易度が徐々に上がっていくように教材を提示する。

C3-1　生徒の能力と努力に応じた成功の可能性について見通しを述べる。

C4-1　成功したのは、（運が良かったからとか、課題がやさしかったから
　　　ではなく）、努力したからだと言う。

C4-2　成功や失敗の原因を明確に説明し、努力を促す。

C5-1　学習やスキルの練習において、徐々に一人でできるような機会を与

える。

S1-1　新たに習得したスキルをできるだけ早い機会に使わせる。

S2　単調な課題が達成できたときに、外発的な報酬を与える。（例：シールをあげる）

S3-1　進歩が見られたときや、課題を達成したときに、そのことを褒める。

S3-4　発音などがうまくできたときや、うまく質問に答えられたときに、すぐその場で褒める。

S4　脅して課題をさせることは避ける。

S5　生徒が新しい課題に取り組む際には、持続できるように、頻繁に、定期的に褒めるなどして、強化していく。

　　　　　（A：Attention, R：Relevance, C：Confidence, S：Satisfaction）

注：記号は、ARCS モデル（Keller, 1987）の分類記号に対応している。

5．社会的・ダイナミックな動機づけ研究へ

　SLA においてもソーシャル・ターンと言われるパラダイムの転換が見られ、それまで主に個人の頭のなかでおこる文法の習得が中心的な研究対象だったことを問題とし、言語習得を社会的なものと考える様々なアプローチが紹介されました。ビゴツキーの社会文化理論を基盤とし、認知的発達を社会的とみるアプローチ（Lantolf & Thorne, 2006）、言語習得を社会化のプロセスとして発達的にみるアプローチ（Duff & Talmy, 2011）、コミュニティへの参加とアイデンティティの葛藤から L2 の習得を考えるアプローチ（Norton, 2000）、ダイナミック・システム理論を基盤としたアプローチ（Larsen-Freeman, 2011）などです（詳しくは Atkinson, 2011; 本書第 1 章を参照）。このような潮流の中で、動機づけ研究にも多様なアプローチが生まれました。

第4章　外国語学習の動機とコミュニケーション

ここでは動機づけを社会的で状況に埋め込まれたものとして考える立場、可能自己に向かう自己の変化を基盤とした動機づけ理論、アイデンティティへの投資として動機づけをみる立場、動機づけを複雑系と捉えるアプローチなどを紹介します。

5.1 コンテキストの中の人：関係性から動機づけをみる立場（Person-in-context relational model）

　ウシオダ（Ushioda, 2009）は、それまでの動機づけ研究が、社会心理学的にせよ、教育心理学的にせよ、計量心理学的な方法で測定する手法が中心であったこと、またそういった研究は全体的な傾向やグループ間の差を見るにとどまり、その中に一人一人の学習者は見失われることを批判します。教師が教室で対峙する、様々な境遇の学習者一人一人を見ることの重要性を唱え、コンテキストの中で、人と人との関係性から動機づけを見るという立場を提唱します。そのためには因果関係を同定する数量的な方法でなく、環境との関わりの中で、人の動機づけがどのようにダイナミックに変化するかを丁寧に見ていく質的な方法論が必要となるでしょう。特にウシオダは動機づけやアイデンティティが社会的に変化する状況を詳細に見る上で、ディスコース分析を用いることを奨励しています。環境との相互作用で、日々変化する動機づけは、今の自己の延長線上にある将来の自己像とリンクしつつ変化していくのです。同時に日々の活動が将来の自己像を変化させます。この意味でウシオダの考え方は次節で説明する L2動機づけ自己システム論とも相性が良いのです。

5.2 L2 動機づけ自己システム論（L2 Motivational Self System）

　なりたい自分、なりたくない自分など未来の自分の姿を表象する自己概念

5. 社会的・ダイナミックな動機づけ研究へ

を心理学では、可能自己（possible selves, Markus & Nurius, 1986）と呼んでいます。ドルニェイ（Dörnyei, 2005, 2009）は、この概念に注目し、これまでの言語学習動機づけ研究の足跡を辿りながら、L2動機づけ自己システム論を提案しました。これは、ガードナーの統合的動機（Gardner, 1985）の目標言語文化への同一化という側面を「目標言語を使う自己像との同一化」と再解釈したもので、「理想自己（Ideal L2 self）」「義務自己（Ought-to L2 self）」「学習状況への態度」の3つの要素から成っています。もし目標言語を使う自分が将来成りたい自分であれば、たとえば英語を話す自分の姿を理想自己として明確に想像することができれば、そのビジョンに近づこうとして動機づけが高まると考えられます。この観点からすると、動機づけとは、今現在の自分と理想の自分の差を縮めることになります（Self-Discrepancy Theory; Higgins, 1987 に基づく）。ドルニェイは、可能自己は自分の今ある姿、現在実際に行っていることや経験していることを部分的に表象するものでもあるとします。また、そのビジョンが鮮明で細密で具体的なほど、動機づける効果は高まる（"The more vivid and elaborate the possible self, the more motivationally effective it is expected be"）（Dörnyei, 2005, p.100）とも言っています。そうすると、いかに学習者が英語を使う自己像を鮮明に具体的に想像できるかが、外国語教育の課題ということになります。また、ドルニェイは、自己をシステムと考えでおり、理想自己と義務自己の両方を持つことが、動機づけの効果をさらに高めると考えています。つまり、こうならねばならないという、プレッシャーも必要ということでしょう。身近に理想自己を体現した人の姿を見ることは効果があります。この意味で教室で目標言語を使う先生は良いモデルとなりうるでしょう。

　それでは具体的で鮮明な自己像とは、どのように作られるのでしょうか？スポーツで考えてみると、スキーをしたことのない人が、足をどのように動

第4章　　外国語学習の動機とコミュニケーション

かしてすべるのか想像できないように、自分が全くしたことのない活動をしている姿を具体的に想像することは難しいでしょう。この意味でも、目標言語を使うことに現実感を持たせることが外国語の授業の一つの役割となります。たとえば「英語を使う自己像」とは何をしているどういう自己像でしょうか？英語を使って外国でビジネスの交渉をする自分、英語で友人と親しげに話す自分、国際会議でプレゼンテーションをする自分などです。すべて、社会で言語を使うという状況で、イメージするのは自分ひとりではありません。そこには相手があり、コミュニティがあります。コミュニケーションをする理想自己を持たせるために授業に求められるのは、真のコミュニケーション実践の場を創設するということです（Box4-3 及び7章参照）。

🍄 Box4-3　文化的実践としての学習

　文化的実践としての学習とは、教室の「外の世界、現実の社会や文化のリアリティ」との接点が意識できる学習を意味している。佐伯（1995）は教師の役割を「学校での学びを育てる接面構造」（p.74）と表現し、教師や教材が真正の文化的実践、すなわち学問や文化など現実の実践に深く関与していて、「それらの価値・意義・大切さを子供たちに垣間見させる力量を身につけているか」（p.75）を問うている。つまり、子供達は、教師や教師が用意した教材を通して、文化的実践を経験すると言うことであろう。

5.2.1 L2 動機づけ自己システム論を用いた研究

　L2 動機づけ自己システム論を用いた研究は急速に蓄積されています。前節で述べたように質的研究を用いて個人の持つ自己像の変化を描くこともできますし、一方で「理想自己」「義務自己」「学習状況への態度」の3つの要素

の強さや態度を図るスケールも開発されており、数量解析も多く蓄積されています。ひとつの研究方向は、この理論の三構成要素が同じように動機づけの強さ（"Intended effort" などで測定される）を予測できるかどうかを調べるものです（e.g., Apple, Falout, & Hill, 2013; Csizér & Kormos, 2009; Kormos, Kiddle, & Csizér, 2011; Munezane, 2015; Taguchi, Magid, & Papi, 2009; You, Dörnyei & Csizér, 2016）。全体としては、多くの調査の中で、将来の自己像よりも今の学習状況の影響が大きいという結果が出ています。教室での学習を楽しいと思えるかどうかが、最も動機づけの強さに影響するということです。一方、二種類の自己のうち理想自己の方が動機づけに結びつきやすいことはだいたいどのコンテキストでも確認され、理論を支持していますが、義務自己の役割は、コンテキストによってかなり違っています。ハンガリー、チリなどでの調査では義務自己は動機づけに結びつかないのに対し、日本や中国などアジアの国々では義務自己も動機づけを高めるという結果を出しています（Yashima, Nishida, & Mizumoto, 2017）。

　二つ目の研究方向は、理想自己や義務自己の形成に影響する要因を見出そうとするものです。理想自己の形成に影響する要因としては、国際的志向性や目標文化への興味の影響が大きく、一方義務自己には親の励ましや成功を志向する傾向などが影響することが、実証研究で確認されています。さらに中国の英語学習者を対象に、ビジョンを持つ能力（visionary capacity）が高いほど明確な自己概念を持つことを示した大規模な研究が発表されています（You et al., 2016）。また、文化心理学の概念である「相互依存的自己（Markus & Kitayama, 1991）を用いた研究で、ヘンリーとクリフォードソン（Henry & Cliffordson, 2013）はジェンダーと動機づけについて興味深い結果を報告しています。まず、女性の方が男性より相互依存的自己を持つ傾向が高いことを見出し、さらにパス解析で、この傾向が影響して女性の方が英語以外の外

第4章　外国語学習の動機とコミュニケーション

国語（フランス語、ドイツ語など）に関して相手との関係を形成する理想自己を形成しやすいという結論を導いています。ヤシマのグループ（Yashima, et al., 2017）は、学習方法への志向性と理想自己、義務自己の形成傾向の関連を探りました。その結果、明示的な文法学習を志向する傾向にあると、義務自己に結びつきやすく、コミュニケーション中心の学習方法を志向する傾向は理想自己に結びつくことを見出し、さらにこの傾向が動機づけの高さを予測し、習熟度にも繋がるという傾向を確認しました。この研究ではコミュニケーション志向性から理想自己に結びつく傾向が女子学生の方が強いことも見出しました。このようにこの理論を使った研究は要因間の関連を同定したものが多いですが、インタビューなどの質的研究によって自己概念がどのように変化し、それが動機づけとどのように関連するかを、学習者の声として提示した研究も多く発表されています。

　「理想自己」の考え方は、将来どのような状況で自分が外国語を使うのか、その明確なビジョンをもつことで動機づけが高まるということです。実際にビジョンの訓練によって学習者に変化があるのかを調べたのがムネザネ（Munezane, 2015）です。この研究では、グローバル・スタディーズをコンテントとする英語の授業で大学生を3つのグループに分け、ビジョンの訓練を受けたグループ、ビジョンの訓練に加え目標設定の訓練も受けたグループ、及び通常授業のみのグループに分け、そのコミュニケーションの積極性（WTC　第5章参照）への影響を調べました。その結果、ビジョンの訓練に加えて目標設定の訓練も受けたグループのみが他の2グループと比較して、WTCが上昇していました。

　重要なのは「理想自己」「義務自己」を基盤にした研究の成果を、外国語教育の実践にどのように取り入れるかということです。この理論にそうと、生徒が目標言語を使う自己像をいかに鮮明に具体的な姿として描くようにでき

5. 社会的・ダイナミックな動機づけ研究へ

るか、が外国語教育の課題ということになるでしょう。そのためには教室内に真のコミュニケーションの実践の場を創設することが必要です。スタディ・アブロードのような異文化接触を通して教室の外の世界につなぐような機会があれば一番効果的でしょう。たとえばササキ（Sasaki, 2007）では留学が学生の英語を書く動機を最も刺激する要因であると報告しています。しかし、教室の中でも英語を使うコミュニティを作り上げることができます。たとえば、模擬国連（Yashima & Zenuk-Nishide, 2008）やそこまで大がかりでなくても、ミニ環境サミットを開催するなど、想像上の国際コミュニティを創設し、そこに学習者の参加を促す活動が考えられます。この理論的基盤は、学習を単に知識の習得と考えるのではなく、コミュニティに参加していくこと、その中で自分の役割やアイデンティティが変化していくことだとする学習論です（Lave & Wenger, 1991）。誰に対して、何のために、何を伝えるのかというビジョンを持った中で、聞き、話し、読み、書く言語は、宛名のない抽象的な文ではなく、他者に対して声を発することなのです。こういった活動ではできれば4技能を統合することが望ましいのです。その中で話者（書き手）の意図を理解し、共感し、態度を形成し反応する、というように相手との対話がおこる、こうなると教室は生徒を多文化へ誘う第一歩、教室を越えて広がる世界に参加を促す場となるでしょう。このためには日々の実践の延長に、自分の外国語を使う姿が見えるような活動をつなぐことが必要ということになります。

5.3 アイデンティティへの投資として動機づけ

　カナダへの移民女性の研究を基礎に、ノートンはコミュニティへの参加とアイデンティティの葛藤からL2の習得を考えました（Norton, 2000　第1章参照）。移住先では社会の底辺に置かれがちな状況の中で、個人の心理や能力

として彼女たちの動機づけやコミュニケーション能力を考えることは問題であると、これまでのSLA研究を批判します。英語を早く習得し社会参加をしたいと願う彼女たちにとって、英語学習はブルデューのいう経済的・文化的・象徴的資本に対する投資であると考えます。また個人が置かれた位置によっては、どんなにやる気があっても英語を使う機会が限られています。つまり自分が参加したいコミュニティへのアクセスがままならないことも多いのです。そういう中で、「自分と社会を関係づけるもの、自分と将来の可能性を結びつけるもの」としてのアイデンティティへの投資として動機づけを考えることができます。このアイデンティティへの投資としての動機づけは、日本の外国語学習者の学習動機に当てはめて考えることもできます。その言語を学習することは、自らが描く将来像とどのように結びつくか、そこに繋がりができるかどうかということが重要なのです。そういう意味では理想自己とのリンクを考えたL2動機づけ自己システム論と似ています。後者が心理学的な理論なのに対し、ノートンの方は、より社会学的で、時には弱者が社会の中で取らされる位置どりに目を向け、エンパワーしようとする社会派の志向性が強いという点では異なっています。

　この観点から日本の英語学習者のアイデンティティを分析したものとして、「フェミニスト寺子屋」という英語グループに通う女性たちを描いた研究（McMahill, 1997）があります。ここで女性たちは英語を学習しつつフェミニズムも学びます。それは同時に、想像上の国際的フェミニストコミュニティに参加していくプロセスでもあるのです。このコミュニティではお互いを感情的に支えあいながら、英語で自由に自己を表現し、男女差別のある職場や自らが内面化した女性蔑視意識と戦っていく力を得ていくのです。

5.4 複雑系理論から見た動機づけ（CDST）

　ソーシャル・ターン後の動機づけ研究の最近の傾向として、複雑系理論の影響をあげることができます（第1章参照。動機づけ研究ではコンプレックス・ダイナミック・システム理論（CDST）と呼ばれている）。CDSTとは何かを簡単に言うのは不可能ですが、あえてまとめると以下のようになるでしょう（Larsen-Freeman & Cameron, 2008 参照）。

・異種の要素からなるシステム
・常に変化する（要素も変化し、要素からなるシステムも変化する）
・要素同士、要素とシステム、システムとシステム、システムとそれを包括するシステムは相互に影響しあう
・システムの性格や動きを単純な因果関係で説明できない
・開放性（外の影響に開かれている、閉じていない）をもつ
・刺激に適応して自ら変化する

　これらの特徴を持っているという意味で、人間はダイナミック・システムです。人間を作っている細胞も、人間を取り囲む文化も社会もそうです。気象システムも、文法システムも、ダイナミック・システムです。

　ドルニェイが、動機づけの変化や複雑さを捉えるのにはCDSTからのアプローチが必要であるとして、研究者に声をかけ、それに答えた研究者たちが世界各地で研究をはじめました（Dörnyei, MacIntyre, & Henry, 2015）。CDSTを用いた動機づけ研究は、そうでない研究とどのように違うでしょうか？その研究成果を集めた論文集のなかで、「動機づけに影響を与える変数を特定し、その関係をみようとする伝統的なアプローチに代えて、ある特定の状況に影響する無数の要素や条件が合わさって、あるいは相互作用をおこしていく複雑な様相を捉えようとするアプローチ」として、単純な因果関係で割り

切れない人間の心理やその変化を見ていくことを提案しました。たしかにその通りなのですが、いざ研究をするとなると、これまで心理学や応用言語学で行われてきたアプローチを捨てて、全く新しい方法論を開発する必要が生じます。一つの研究の中で複雑な現象をすべて捉えることは不可能です。研究者は、CDST の特徴のいくつかに注目し、それが学習動機づけのどういった側面の変化を記述するのに適しているかを考え、試行錯誤を行っているというのが現状でしょう。

私たちが行った研究を紹介しましょう（Yashima & Arano, 2015）。ある大学の語学センターでは、学生が無料で受講できる英会話プログラムを提供しています。セメスターごとに修了証が出され、登録を更新し 4 年間で 8 回受講できます。卒業単位に換算されないため、最初やる気を持って参加しても多くの学生が途中でやめてしまいます。ヤシマとアラノ（Yashima & Arano, 2015）は、このプログラムに参加した学生の回想的面接調査を通して、4 年間の受講歴の背後にある動機づけの浮き沈みを複雑に絡む関係要因（友人の影響や恋愛などの社会的要因、就職活動や留学など環境要因）と共に描き出しました。受講の継続や頓挫という目に見える現象と、心理とコンテキストの変化を合わせて提示し、動機づけのダイナミックな様相を表したものです。

学生の英語のライティングの発達を複雑系から分析したババとニッタ（Baba & Nitta, 2014）は、一年間の授業の中で、何度もなんども英語のエッセイを書いていく中で、少数の学習者の書く英語の質や量が変化していく様子を、複雑系の特徴に照らしながら報告しています。動機づけとの関係では、毎日の英語学習活動が将来につながると感じていた学習者の場合、作文もその中に現れる将来像も精緻化していったことを示しています（Nitta & Baba, 2015）。

さらに、「回想的再現モデリング（A retrodictive qualitative modeling）」（Chan, Dörnyei, & Henry, 2015）という方法も開発されました。これは、教

師を対象にしたフォーカス・グループ・インタビューにより、学習者の典型的なパターンをいくつか見出し、今度は、それぞれのパターンがなぜ生まれたかを、そのパターンを代表する学習者への回想的インタビューによって再現しようとするというものです。この考え方を基礎にしつつ、パターンの分類に Q-メソッドという方法を利用した研究も見られます（Irie & Ryan, S. 2015）。

　これまで提案された CDST を用いた研究方法の中には、変化に注目したもの、階層をなしたシステム間の相互作用に注目したものなどいろいろですが、どのレベルのどのような現象に注目するのか焦点を決めて、その複雑な様相をできるだけ単純化せず描き出すということになります。

6．アイデンティティと動機づけ：まとめにかえて

　ノートンのアイデンティティ投資の考え方は、主に移民など社会の中の弱者がホスト国の言語を学習するときの動機づけについて出されたものですが、動機づけ研究において社会的な力関係が語られないことを批判したものだとも言えます。これは応用言語学において第二言語話者のアイデンティティに注目するきっかけとなった研究でもあります。しかし統合的動機や自己システム理論もまた、外国語を学習することは誰にとってもアイデンティティに関わるのだということに光を当てたと言えます。

　グローバル化の中で国際コミュニケーションの道具となった英語は、もはや異なった言語文化を持つ人を理解するための教養的な意味が薄れ、文化の香りを失った、ベーシック・スキルになりつつあるという指摘があります（例えば Henry & Cliffordson, 2013）。そうなると、アイデンティティに関わるものではないということになります、その学習動機は一般的な動機づけ理論で全て説明がつき、言語特有の学習動機や態度は意味がなくなるということになります。しかし本当にそうでしょうか？ガードナーの統合的動機づけから、

第4章　外国語学習の動機とコミュニケーション

自己システム理論に至るまで、その言語を話す人々への態度やその言語を用いることによるアイデンティティの変化を問題にしています。外国語を学習することは心理的に文化の境界を越えることではないでしょうか。例えば、日本人が「僕」「わたし」「俺」を区別せず、誰もが同じ "I" になる言語を使うことは、Gardner のいう、違う言語の世界を経験し、それを自分の一部に取り込むという意味で、アイデンティティの変化をもたらすと思えます（Box4-3）。特定の文化を想定しない国際語としての英語を用いても、そこにはこういった文化的側面が内在化されています。さらに外国語の習得は、接触できる他者の幅を大きく広げるので、その学習動機は異文化接触の動機と必ず関係するでしょう。これまで日本語だけでは知り合えなかった相手と親しくなったり、多文化背景を持つ人々と共同で行う活動に参加するなどに加え、読みものの幅や種類が多くなるなど、自分の世界が広がるという実感を持つこともできるでしょう。一方、ことばを他者とのコミュニケーションのために使ってみると、うまく話せない言語で自分の価値を他者に評価される、自分らしさが出せない、など自己概念に関わる問題に直面します。このように L2 を用いて周囲と関わっていくこと、つまり L2 を用いて生きることは、アイデンティティの変化を伴うことになるのです。そしてその言語を使うことが自分に取って意味のある活動となり自分のアイデンティティの一端を表象するようになれば、おそらく学習は継続されるでしょう。

　そのためには、自分に関係のない文の集積ではなく、自己と関わりがある内容を読んだり、なにか自分らしさが出せる活動に参加することが必要になるでしょう。例えば、自分の世界を表現するのに必要な個人的な語彙集を作ってみたり、上級者であれば想像の共同体への参加を促すような活動（例：模擬国連、環境問題サミット、サッカーファンの国際的集い）が考えられます。「L2 を使う理想の自己像」を描き、それに向かって努力するような場合は、

6. アイデンティティと動機づけ：まとめにかえて

自己決定論の枠組みでは「同一化調整」ないしは「統合的調整」という外発的動機に分類されるものに近いかもしれません。外国語を使って国際舞台で活躍する自己、外国語で友人と親しげに話す自分を想像することや目標文化圏への興味を広げたり、その国の人と友達になりたい、接触したいという気持ちをもつことは、自然に学習意欲を喚起すると思われます。むしろこのような自己像や「異文化への興味」を考慮せずに、コミュニケーションを目的とした外国語学習の動機づけを考えることは難しいと思われます。これまで本章で述べてきたように、教育心理学的な研究は、人間の学習行動を説明する上で普遍性をもち、特に学校というコンテキストで、学習者が環境との相互作用の中で意味を見出していくプロセスを学習と考え、その学習の動機を論じる時に多くの示唆が得られます。しかし、現代語の学習においては、異グループの人が日常使っている言語の学習という外国語教育の特殊性を考慮する動機づけのアプローチもやはり必要ではないでしょうか。

♀ Box4-3

　以下の引用部分で、Gardner は第二言語での行動化を前提に、行動レパートリーの追加や調整が必要となり、文化の取り込みがおこり、自我に関わると考えている（Gardener, 1985, p.6）。

　　Other courses such as mathematics, history, and geography, all involve aspects of the students' own culture, or at least perspectives of his or her own culture.（中略）When confronted with modern language; they are required to learn the language, to take it in, as it were, and make it part of their behavioral repertoire.（中略）（regarding other subjects）acquiring that material does not involve any personal conflict. But　learning another language involves making something foreign a part of self. As such, one's conception of the "self" and their willingness to open it up to change, as well as their attitude toward the other community, to out-groups in general, will influence how well they can make this material part of their behavioral repertoires.

　ここで Gardner（1985）は、異質なものを自我の一部として取り込むことに対する葛藤を問題にしている。しかし、日本人が外国語として英語を学習する際、通常民族的アイデンティティは脅威にさらされるとは思えない。特に伝統的な文法・訳読による外国語教育、つまり文法事項を覚えたり、訳読をすることは、異文化を自分の一部として取り込むことや文化的アイデンティティを強く意識することにはつながりにくい。しかし、英語教育に重点がコミュニケーションに移行するということは、英語を使って行動するということである。つまり好む、好まざるにかかわらず、意識的もしくは無意識的に英語的な行動様式やディスコースの一端を引き受けることになる。こうなってくると、英語母語話者への態度など情意的な要因の関連が強くなると思われる。

Discussion

1．これまで自分が強い意欲を持って臨んだ活動があれば、それについて考えてみよう。なぜそのようにやる気が出て、持続したのだろうか？

2．テレビ・新聞・映画・雑誌などのメディアは外国語学習の動機づけにどのような影響を与えているだろうか。

3．自分の外国語学習を振り返り、動機づけの浮き沈みを図にしてみよう。

6. アイデンティティと動機づけ：まとめにかえて

なぜ上がったり、下がったりしたのか、その理由も考えてみよう。

4．中学校や高等学校でもし英語が選択科目になると、生徒の学習意欲はどのように変化するであろうか。教育制度と動機づけの関係について考えてみよう。

5．様々な外国語に対して学習者がもっているイメージと、学習傾向の関係を調べてみよう。

第5章　L2 WTC
第二言語でコミュニケーションを開始する傾向

　テストでは高い点数が取れるのに、コミュニケーションとなると全く黙ってしまうという人がいます。外国語を教えた経験のある人ならそういう生徒の何人かが思い浮かぶでしょう。逆に、文法はあまり正確ではないものの、積極的にコミュニケーションを図るというタイプの人がいます。このような個人差を捉えようとしたのが「Willingness to Communicate（WTC）」です。これは「自ら進んでコミュニケーションを開始する傾向」と訳すこともできますが、この章ではWTCと呼び、その定義、研究の系譜やその意義などについて見ていきます。

1．L2WTC 研究の系譜

　WTCは、もともとアメリカのコミュニケーション学において第一言語でのコミュニケーションに関して開発された考え方です。コミュニケーションに消極的な人が評価されにくい文化的コンテキストにおいて、コミュニケーションを図る傾向を測定するための尺度を開発したのです（McCroskey, 1992; McCroskey & Richmond, 1991）。この性格要因としてのWTCを第二言語に応用し、より状況的なものとして提案したのがカナダのマッキンタイア（MacIntyre）とそのグループです。彼らは、パス解析を用いて第二言語におけるWTCの関連要因の分析を試み、統合的態度や性格などとの関連を報告していました（MacIntyre & Charos, 1996; MacIntyre & Clément, 1996）。その後マッキンタイアは他の動機づけ研究者との共著論文の中で、それまでカナダで行われてきた第二言語動機づけ、不安などの研究の延長として図5−1のピラミッド型のL2WTCモデルを提示しました（MacIntyre, Clément,

Dörnyei, & Noels, 1998）。この際彼らは L2WTC を「あるタイミングで、特定の相手とのやりとりに第二言語を用いて参入しようとする心の準備状態」（"readiness to enter into discourse at a particular time with a specific person or persons, using a L2"（p. 547）と定義し、第二言語を使う場面という状況的な側面を強調しました。この概念モデルにおいては、異文化間の態度・接触動機など民族間の関係や社会状況に影響を受ける要因と、性格や第二言語能力・自信など個人の要因が、複雑に組合わさって、ある場面、ある時点での WTC に集約され、第二言語使用に影響を与えるプロセスを表そうとしました。第二言語のコミュニケーションには、言語能力、自分の言語能力に対する自信あるいは自信のなさ、民族間の関係、相手文化に対する態度など、第一言語（母語）でのコミュニケーションよりはるかに多くの要因が複雑に絡むのですが、この複雑さをモデルは良く捉えています。この意味では、2015年になって動機づけの分野で提案された複雑系を使ったアプローチ（CDST、第1章、4章参照）を予示したものと言っても良いでしょう。CDSTを用いた WTC 研究については後で詳しく述べます。ここではまずモデルの説明からしましょう。

2．L2WTC モデルとその後の研究の発達
2.1 ピラミッド型 L2WTC モデル

このモデル（図5-1）では、学習動機だけでなく、自信・不安など個人の性格要因と、異文化接触動機や異文化への態度などが、どのように第二言語でコミュニケーションをする際に影響するかを総合的に捉えようとするものです。第二言語能力（communicative competence）は、このモデルでは、コミュニケーション行動に影響するひとつの要因と考えられています。この意味で、外国語を習得することが最終目的ではなく、外国語を使って何をする

2. L2WTCモデルとその後の研究の発達

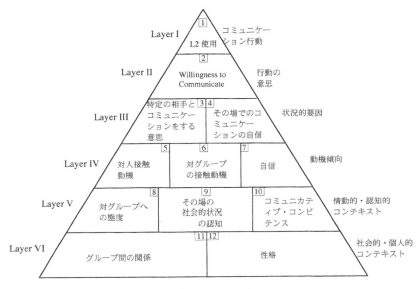

図 5-1　L2WTC モデル
〈個人の第二言語コミュニケーション傾向影響響する要因〉
MacIntyre, Clément, Dörnyei, & Noels（1998）

のかという視点を盛り込んだモデルと言うことができます。

　このモデルの特徴は、上の3層は状況に依存して変化しやすい要素と捉えられているのに対し、下の3層は比較的安定した要因と考えられていることです。第1層（1）に、最終目標の「第二言語の使用」、すなわちコミュニケーション行動が置かれています。（このモデルにおいては、対面のコミュニケーションに限らず英字新聞を読むとかテレビの英語放送を見るということも含まれます。）コミュニケーション行動に直接的な影響を与えるのが、第2層の（2）*Willingness to Communicate (WTC)*、すなわちある状況で第二言語を用いて自発的にコミュニケーションをしようとする意思です。まさに行動を起こさんとする準備ができた心理状態をさします。そのためには、コミュニケー

117

第5章　L2 WTC　第二言語でコミュニケーションを開始する傾向

ションの機会があることが望ましいが、機会がなくても想像上のコミュニケーションに対する WTC をもつことはできると考えられています。

　第3層には、*Willingness to Communicate* に直接影響する要因として、特定の相手とコミュニケーションをしたいと思うかどうかということと（(3) Desire to Communicate with a specific person）、その状況でどの程度第二言語コミュニケーションに自信を持てるかということ（(4) State communication self-confidence）が挙げられています。つまり気の合った友人が相手の場合と初対面の相手と話すのでは、心理的反応がかなり違うでしょう。人は今までに経験したことがない状況に置かれると、緊張が高まり、その場でのコミュニケーションの自信は低下すると考えられます。

　第4層から下が比較的安定した要因で構成されています。(5)「対人接触動機」（*Interpersonal Motivation*）は、特定の相手とのコミュニケーションを行う動機に関連する要因です。たとえば、社会的役割や仕事上の必要性などから（例えば相手に業務上の指示を出すために）コミュニケーションをする場合と、純粋に友達になりたいという場合ではコミュニケーションに対する動機が異なります。また、あまりコミュニケーションをしたくない相手もいるかもしれません。ここでは、このような点を問題にしています。また、(6)「対グループの接触動機」（*Intergroup Motivation*）はグループ間（文化・民族間）のコミュニケーションの意欲や接触動機の強さを指すます。これには政治的状況、国家間の関係やその歴史なども関係するでしょう。さらに (7) で、比較的安定した傾向としての 第二言語使用に対する「自信」（*Self Confidence*）が挙げられています。そしてこの「自信」を支えるのが、第5層 (10) の「コミュニカティブ・コンピテンス」（*Communicative Competence*）であり、第6層 (12) の「性格」*Personality* です。また、(9)「社会的状況」（*Social Situation*）は、コミュニケーションが行われる状況を表す。たとえば

118

正式な会議か非公式な集まりか、その目的や参加者が誰であるかということなどです。

第4層の（6）「対グループ接触動機」（*Intergroup Motivation*）は異なった文化や言語を持つグループと接触したいと思うかどうかということでしたが、これに密接に関係するのが、第6層の（11）「グループ間の環境」（Intergroup climate）、すなわち自分の属するグループ（文化・民族）と相手の属するグループ（文化・民族）の政治・経済・外交的な関係が生み出す環境であり、また、第5層の（8）「対グループ態度」（Intergroup Attitudes）、つまり相手の属するグループ（文化・民族）への態度なのです。（6）「対グループ接触動機」や、（8）「対グループ態度」は、たとえば、カナダのバイリンガル地域で、英語話者がフランス語を学習したり、在日ブラジル人が多く居住する地域で日本人がポルトガル語を学習する時に影響を与える要因を考えてみると理解しやすいでしょう。在日ブラジル人に対する態度や親しくしたいと思うかどうかは、学習動機やWTCに影響を与えると思われます。また、（11）のグループ間の環境（*Intergroup Climate*）とは、異文化・民族間の政治・経済的環境であり、民族間の関係性の歴史も関係します。ヘブライ語を学習するアラブ人（Abu Rabia, 1996）やアラビア語を学習するイスラエル人（Kraemer, 1993）の動機はこの点を考慮せずには議論できません。

このように、モデルの左側には、異文化コミュニケーション関連要因がおかれています。世界の多様な文化背景を持った人々とのコミュニケーションを最終的な目的として学習するのであれば、自分も相手もそれぞれが、民族的、国家的、社会的アイデンティティをもった存在であることを忘れるべきではありません。異文化コミュニケーションの場面は、自己の文化的・民族的アイデンティティを意識せざるを得なくなる状況だからです。一方、モデルの右側の下から上へ、性格、コミュニケーション能力、自信、WTCとつ

ながる部分は、外国語を学習する状況で WTC に影響する個人要因が置かれています。

このモデルでは、外国語学習の最終目的をコミュニケーションと捉え、いわば 異なった他者と対話する意思の涵養を教育目的と考えているとも言えます。

2.2 WTC 研究の地域的広がり

WTC モデルの発表後、すでに研究が始まっていたカナダをはじめとして多くの地域での研究が始まりました。カナダにおいては、学習理由、ソーシャル・サポートの有無（MacIntyre, Baker, Clément, & Conrod, 2001）、年齢やジェンダー（MacIntyre, Baker, Clément, & Donovan, 2002）によってどのように WTC が異なるかについて量的調査が行われました。さらに イマージョン状況と通常の ESL 状況を比較し、L2WTC に強い影響を与える変数であると考えられる、「L2 能力の自己評価」と「L2 不安」（この二つを組み合わせて「L2 自信」と定義されることもある）について、イマージョン状況では、不安の方が影響が大きいのに対し、ESL 状況では、L2 能力の自己評価の方が強い影響を与えることを報告しています（Baker & MacIntyre, 2000）。

その後、私たちのグループでは、WTC モデルを日本の EFL に応用した研究を発表しました（e.g., Yashima, 2002; Yashima, Zenuk-Nishide, & Shimizu, 2004）。その中で、アジアの EFL 状況に当てはまりの良い概念として提案したのが、「国際的志向性」（第 4 章、 6 章参照）です。国際的志向性をはじめとして「第二言語を使うことに対する自信（以後「L2 自信」、自己評価の L2 能力と不安の組み合わせ）」、動機づけの強さ、さらには標準テスト（TOEFL）で測定した英語力の間の相互関係をモデル化し、共分散構造分析（Structural Equation Modeling）という統計手法を用いてその妥当性を検討したのです。

その結果、国際的志向性の高い人ほど英語学習動機が高く、WTCも高いことを見出しました。次節（Box5-1, 5-2）にこの研究について詳しく説明しています。一方、中国のEFL状況で調査をしたパンとウッドロウ（Peng & Woodrow, 2010）は、教師のサポートや、学習者の英語学習方法に関する信念や考え方がWTCに影響することを、やはり共分散構造分析を用いて検討しています。最近では、ベルギーやイランからも、それぞれのコンテキストの状況を反映したWTCモデルとその検討結果が報告されています。

こういった量的研究の多くは、マクロスキーのオリジナルのWTCスケールを用いていますが、結果の中で一貫しているのは、L2自信（上で述べた「L2能力の自己評価」と「L2不安」の組み合わせ）がL2WTCの最も強い説明変数であることと、WTCがコミュニケーションの頻度を予測することです（Clément, Baker, & MacIntyre, 2003; MacIntyre & Charos, 1996; Yashima, 2002; Yashima et al., 2004）。統合的傾向、学習状況への態度、国際的志向性などの態度要因もWTCに関係することが多くの研究で見出されています。

先に述べた「L2能力の自己評価」と「L2不安」の関係に目を向けると、EFLの状況では一貫して、不安よりL2能力の自己評価の影響が強くなっています。先に述べたように、カナダのイマージョンの状況では不安の方が影響が大きかったのですが、これはL2の能力が全体に高い中で性格要因の影響の方が多くなるためと言えるかもしれません。L1が使われる通常の状況では、L1能力に大きなばらつきがないためか、不安が最も強いWTCの予測要因となります（McCroskey & Richmond, 1991）。

2.3 国際的志向性

WTCに関わる要因は、各学習状況における対象言語の民族言語的バイタ

リティー（第4章参照）や、その言語を学習する意味によってそれぞれ異なります。それゆえそれぞれの状況を踏まえて、関連すると思われる要因を概念的に定義し、それをさらに操作的に定義する必要があります。そういった試みの一例として、ヤシマ（Yashima, 2002）では、日本の英語学習状況を踏まえて、英語でのコミュニケーションに関連する構成概念「国際的志向性」を提案しました（Box5-1）。前章で日本人の学習目的の二重性を議論しましたが、国際的志向性はやや抽象的、かつ長期的な目標に相当し、「世界と関わりをもつ自己」を想像できるかどうかという意味で、理想自己（ideal L2 self, 第4章参照）とも関連します。

英語を使う自己と国際的志向性

　日本において「英語」が象徴する「漠然とした国際性」、つまり国際的な仕事への興味、日本以外の世界との関わりを持とうとする態度、異文化や外国人への態度などを包括的に捉えようとした概念で、これが英語を用いたコミュニケーション行動に影響を与えると仮定し検証を試みました。基礎となる先行調査（学習理由の調査（Yashima, 2000）、テスト再テスト法による信頼性の確認など）を踏まえて「国際的志向性」（2009年版）は以下の3要素から概念的にまた操作的に定義されます。1）異文化間接近—回避傾向（異文化背景をもった人と関わりを持とうとする傾向）例：日本に来ている留学生など外国人ともっと友達になりたい。／もし、隣に外国の人が越してきたら困ったなと思う。2）国際的職業・活動への関心　例：国連など国際機関で働いてみたい。／海外出張の多い仕事は避けたい。3）海外での出来事や国際問題への関心（外国に関するニュースをよく見たり、読んだりする。／外国の情勢や出来事について家族や友人とよく話し合うほうだ。）（詳しくは、Box5-1）Yashima（2002）では、この概念と学習意欲、英語力、英語コミュニケー

ションへの自信、WTC の関係を共分散構造分析を用いて分析し、「国際的志
向性」が学習意欲に結びつくこと、「国際的志向性」をもっているほど英語で
の WTC が強いことを示しました。つまり、人がコミュニケーションを積極
的に図るかどうかは、自分の第二言語コミュニケーション能力に自信を持っ
ていることに加えて国際志向性も影響することを示しています（くわしくは
図 5-2）。

— 🍄 Box5-1 国際的志向性調査項目（Yashima, 2009）————————

Approach-avoidance tendency（身近な異文化へのリアクション）

1）日本に来ている留学生など外国人と（もっと）友達になりたい。

2）外国の人と話すのを避けられれば避ける方だ。*

3）日本の学校で留学生がいれば気軽に声をかけようと思う。

4）留学生や外国人の学生と寮やアパートなどでルームメートになっても
　よいと思う。

5）日本で地域の外国人を世話するような活動に参加してみたい。

6）もし、日本で隣に外国の人が越してきたら困ったなと思う*

7）日本で、レストランや駅で困っている外国人がいれば進んで助けると
　思う。

Interest in international vocation

8）故郷の街からあまり出たくない。*

9）外国で仕事をしてみたい。

10）国連など国際機関で働いてみたい。

11）国際的な仕事に興味がある。

12）日本の外の出来事は私たちの日常生活にあまり関係ないと思う。*

13）海外出張の多い仕事は避けたい。*

第5章　L2 WTC　第二言語でコミュニケーションを開始する傾向

Interest in foreign affairs

14）外国に関するニュースをよく見たり、読んだりする。

15）外国の情勢や出来事について家族や友人とよく話し合うほうだ。

16）国際的な問題に強い関心をもっている。

17）海外のニュースにはあまり興味がない。＊

＊逆転項目

注：「エスノセントリズム」などを含む拡大版もあります。

　　http://www2.ipcku.kansai-u.ac.jp/~yashima/ を参照

🎈 Box5-2　日本の EFL における L2WTC 研究

　図 5 - 2 はマッキンタイアの WTC モデルとガードナーの動機づけモデル
を基盤に日本で英語を学習する意味をふまえて新たなモデルを構築し、妥
当性を検討する試みです。このモデルでは、英語での WTC（L2WTC）を
予測する要因を横断的に扱いました。ガードナーの提案した統合的態度を、
EFL 環境でより当てはまりが良いと考えられる国際的志向性に置き換え、
国際的志向性が高いほど、学習意欲が上昇し、英語力の向上につながるこ
とを示しました。また学習意欲が高い人ほど英語コミュニケーションの自
信が高く、結果として英語の WTC に結びつくことを示したのです。

　WTC が高いとコミュニケーションの頻度が多いことが、授業の中でも、
スタディアブロードでも、実証されました（Yashima, et al., 2004）。コミュ
ニケーションが肯定的な経験であると、不安は緩和され、国際的志向性も
高まり、さらに WTC が高まると考えられます。（八島（2009）と Yashima
（2010）では、スタディアブロードなどの異文化接触の効果として、英語を
使う不安が下がり、L2WTC、国際的志向性が上昇することを示しました。）

2. L2WTC モデルとその後の研究の発達

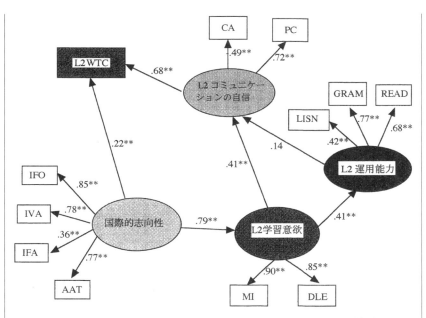

図 5-2 日本の EFL コンテキストにおける WTC モデルの検討
Yashima (2002)

L2WTC：Willingness to Communicate in L2
CA：Communication Anxiety in L2（コミュニケーション不安）
PC：Perceived Communication Competence in L2
　　（コミュニケーション能力の認知）
LISN：リスニング
GRAM：文法語彙
READ：読解
MI：Motivational Intensity（学習動機の強さ）
DLE：Desire to Learn English（英語学習の意欲）
IFO：Intercultural Friendship Orientation in Learning English（異文化友好オリエンテーション）*
IVA：Interest in International Vocation/Activities（国際的職業・活動への関心）
IFA：Interest in Foreign Affairs（海外での出来事や国際問題への関心）
AAT：Intergroup Approach-Avoidance Tendency（異文化間接近-回避傾向）
※この後の研究（2004 以降）では、IFO を抜いています。

$**p < .01$
$\chi^2(49) = 62.63, \text{n.s.}$
GFI = .97
AGFI = .95
CFI = .99
RMSEA = .031

それを表した概念図が図 5-3 です。外国語教育においては、WTC の上昇→実際のコミュニケーション経験→さらなる WTC の上昇という循環を生

み出すことが重要と考えます。また、図5-2が示しているように、L2学習動機からコミュニケーションの自信へのパスは有意でしたが、その逆は検証していません。しかし、第4章でみた様々な動機づけの理論において、できるという感じ、自己効力感が重要であるとしているので、図5-3の概念図ではコミュニケーションの自信から学習動機に理論的なパス（点線）を入れています。

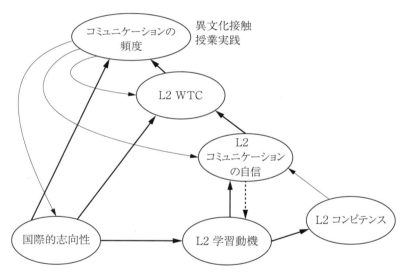

図5-3　国際的志向性・学習動機・L2WTC循環モデル（概念図）

図5-2で示した研究（Yashima, 2002）は、大学生を対象にしたもので、国際的志向性が高いほど、学習意欲が高く、結果として英語の習熟度につながると同時に、L2WTCも高くなる可能性を示しました。2年後、同様の研究を高校生を対象として実施し、大学生と同じ傾向が見られたことを確認しました。さらにWTCが教室内のコミュニケーションの頻度を予測できただ

けでなく、スタディ・アブロード状況において、出発前に WTC が高い人ほ
ど、アメリカにおいてホストとのコミュニケーションの頻度が高く、会話の
時間も長いことがわかりました。またホストとコミュニケーションを多くし
ている人ほど友好関係に満足しており、ホスト文化への適応感が高いことも
わかりました（Yashima et al. 2004）。その後の研究で、異文化接触の結果
L2WTC や国際的志向性が上昇することも見出しています（Box5-4 参照）。
また教育実践を通してもこのような資質を開発することができるとの報告が
あります（Yashima & Zenuk-Nishide, 2008; Munezane, 2015）。これらのすべ
ての結果を統合すると、図 5 - 3 の循環モデルが成立します。

　国際的志向性とは自己と世界との関わりを意識しているかどうかというこ
とに関係します。すでに述べたように、この態度や傾向をもっているほど英
語学習意欲が高く、英語力の個人差を予測できることが示されました。つま
り、国際的志向性をもつことは、英語学習の個人的な意味の明確化につなが
るということでしょう。あるいは「英語を使う自己」を意識化しやすくなる
ものと思われます。「理想自己」（Dörnyei, 2005, 2009 参照）の理論を援用す
ると、「国際的場面で英語を使う自己概念」が「なりたい自己」を表している
かどうか、そしてそれが実現可能なものであると認知できるかどうかが英語
学習の動機づけに関わると考えられます。また国際的志向性が強いとは、1）
異文化への接近動機が強いため、国内にいる外国人に話しかけたり、協働す
ることにも積極的で、2）国際的な職業や活動に興味があり、海外への移動
にも積極的であり、3）国際的なニュースや海外で起こっていることに関心
があることを意味します。こういう傾向を持っている人ほど、英語で自分か
ら進んでコミュニケーションを図ろうとし、英語学習意欲も高くなることを
研究結果は示しています。

2.4 L2WTC の質的研究

　前節まで主に量的研究とその示唆について述べましたが、2005年ごろから、WTC の質的研究も多く行われてきました。質的研究においてはピラミッド型 WTC モデルの上部の三層に特に注目し、学習者が置かれた状況の中で WTC がどのように変化するかを質的に描こうとしました。この際問題になるのが、状況的 WTC（situated WTC）をどのように操作的に定義するかという点です。これまでの研究では、研究者が授業観察の中で発言回数を数える方法、もしくは、個々の学習者が手元で一定の間隔で（例えば 5 分ごとに）、WTC のレベルを記録していくという方法が取られています。カオとフィルプ（Cao & Philp, 2006）は、ニュージーランドの ESL 教室の観察を行い、コミュニケーション行動を（質問をする、手を挙げるなど数種類に）コード化し、頻度を数えるという方法をとっています。さらに録画したものを見ながら、当事者にその時の状況や心理を尋ねるという刺激回想法（stimulated recall interview）を組み合わせました。条件を変えて、何が状況的 WTC に影響を与えるかを調査したところ、当人が感じる自信など心理的な要因と、相手との親密度や相手の参加意欲、活動をするグループの大きさなどの状況要因が、コミュニケーションの頻度に影響することを見出しています。一方、カン（Kang, 2005）は、綿密なインタビュー調査により、「安心感」「刺激・興奮」「責任感」という 3 つの心理的要因が複雑に絡み、その場での WTC を生み出すとしています。「安心感」とは、母語でない言語でコミュニケーションをするときに経験する不安からの解放を意味し、話し相手の影響とトピックの影響が大きいとしています。「刺激・興奮」とは会話途中に気持ちが高揚する状態を指します。調査対象者は、自分の興味のあるトピック、よく知っているトピックについて話す時や、相手がネーティブ・スピーカーの時に、そうでない場合より気持ちが高揚し、その結果 WTC が上昇することを報告

しています。最後に「責任感」ですが、重要なトピック、自分が導入したトピック、自分の民族に関わる話題には責任感が高まるとしています。会話の参加者が増えると一人一人が感じる責任感は低下するなどの興味深い結果も導き出しています。

　上記以外にも、状況的な WTC 研究の必要性をうたったマッキンタイア（MacIntyre, 2007）の呼びかけを受けて、状況要因に注目した多くの質的研究が蓄積されています（e.g., Cao, 2011, 2014; de Saint Légar & Storch, 2009; MacIntyre, Burns, & Jessome, 2011; Peng, 2012）。その結果、学習者の心理要因、習熟度、教室環境などの状況要因、教師の影響、話し相手との関係性なとの社会要因など多様な要因が影響することがわかっています。（詳しくは、Pawlak, Mystkowska-Wiertelak, & Bielak, 2015 を参照）。

2.5 複雑系を取り入れた WTC 研究

　マッキンタイアとレガット（MacIntyre & Legatto, 2011）は複雑系の考え方を取り入れた研究を発表しました。この研究の後、WTC が刻々と変化するダイナミックな状況を捉えた研究が多くなったようです。マッキンタイアとレガットは、刺激回想法を発展させた新たな研究方法（the idiodynamic method）を開発しました。実験室に学習者を呼び、8 種類のトピックについて第二言語のフランス語でスピーチをするというタスクに参加させます。その後、コンピュータ上に再生された自分の画像を見ながら、その時の WTC のレベルをコンピュータ上に見える別のウィンドウのスケール上で評価していくという方法です。タスクを行う数分の間に、参加者の WTC は大きく変動します。総じて馴染みのない話題では語彙が出てこないなどの原因で WTC が低下するというように、一般化できる反応もあれば、学習者それぞれに特有の反応や理由があることを報告しています。

このあと、ポーランドの研究者がこの研究を実際の EFL の授業に応用し、ペアワーク、グループワークなどの間に数分ごとに WTC を紙に印刷されたスケールで評価させるなどし、教師、クラスメート、その他の要因で WTC が刻々と変化する様子を描き出しています（e.g., Pawlak & Mystkowska-Wiertelak, 2015, Pawlak, Mystkowska-Wiertelak, & Bielak, 2015）。八島とそのグループ（Yashima, MacIntyre, & Ikeda, 2016）では、複雑系の観点から、教室の WTC の変化を見た研究を行いました。これについては次節で詳しく紹介します。

2.6 アジアにおける沈黙と WTC

これまで紹介した WTC の研究を見ると、カナダ以外は日本や中国などの東アジア、もしくはオーストラリア、ニュージーランドのアジア系の英語学習者を対象にしているものが多いことがわかります。実のところ、WTC の研究が始まるずっと以前より、アジア、特に東アジアの学習者が教室で発言しないということを問題にした研究が発表されてきました。L2学習者を対象にした研究でも、ヨーロッパや南米出身の学習者と比べて教室内での発言数が少ないことを報告しています。先に量的研究のところで紹介したパンとウッドロウ（Peng & Woodrow, 2010）の研究の中で、アジア系の学習者の心理傾向に儒教的影響があること、「あまり目立って発言すると他の人に嫌がられる」と言った他者の視点に対する配慮のようなものがよく指摘されています。こういった認識が、アジア系の学生を対象とした WTC 研究の多さと関係しているのかもしれません。

最近の教室の状況を調査したキング（King, 2013）が、興味深い報告をしています。研究者が日本の多くの大学に出向き、EFL の授業を合計48時間観察しました。その間に1分間ごと何をしているかという活動について詳細の

記録をし、活動ごとに集計したところ、学習者がコミュニケーションを開始して発言した時間は、48時間中7分（0.24％）でした。教師からの問いに答えた時間も含めると150分（5.4％）であったと報告しています。キングは、複雑系の用語を用いて、日本の教室において沈黙は「常態」（attractor state）と表現しています。この研究を受けて、この「常態」をなんとか変えることはできないかと、私たちは介入研究を行いました（Yashima, McIntyre, & Ikeda, 2016）。12回の授業で毎回自由討論の時間を20分間設け、その間はできる限り主導権を学生に移譲する（誰かを当てて答えさせるということはしない）という方法で、学習者の反応を見ました。すると、日によって学習者の発言割合には大きい変動がありました。なぜそのような違いがあるかを、談話分析、面接、観察などの結果を組み合わせて考察したところ、要因としてトピックの特徴、リーダーの存在・不在、クラス全体の雰囲気などをはじめとする極めて複雑な要因が複雑に影響しあって、その日の発言傾向に影響することがわかりました。研究条件や目的の違う上記のキングの研究と直接な比較をすることはできませんが、学習者の平均発話割合は、40〜50％と、かなり高くなっています。この研究では、さらに発言回数の異なる3名に面接をし、発言や沈黙の心理を描き出しています。観察された発言回数に至るのに、様々な環境的、社会的要因、個人の心理、個人の集合体が生み出す談話の特徴などが、複雑に絡むことを見出しました。（Box5-3）

🎙 Box5-3 面接調査（Yashima, MacIntyre, & Ikeda, 2016より）

　ここでは、発言回数が異なる3人（仮名）の学生を対象にしたインタビュー及び記述式質問紙の結果に基づいて報告する。

　インタビュー対象の3人は、12回のディスカッションにおける発言回数が大きく異なる。タキは、最も発言が多かった学生のひとりだが、高校で

１年間の留学経験があり英語使用経験が豊富である。英語を話すことに抵抗感がなく、議論でもリーダー的役割を演じていた。インタビューから彼女はクラス全体が沈黙するのを嫌い、議論を進める責任を感じていた反面、自分が議論を独占するのを極度に嫌うことが分かった。「みんな参加すべき、授業って、集団で行われるものなんで」と述べている。結果として見られたのは、他者を巻き込もうとする *But I agree with Yaya and Masa's opinion…. As Shiki said, I think...* と言うように他者の発言につなぐ談話的特徴であった。

　一方ナミは、毎回１回程度発言した学生である。留学経験はなく、高校では文法訳読中心の授業を受けていた。当初「雰囲気が静かなので発言しにくい」「他の人の英語は上手で怖気づく」と記述していたように、非常に不安が高い学生である。しかし「下手でもいいから話そう」と奮起、発言をするための努力をする。具体的には「言うことを日本語で考え、英語で考え、辞書で単語を調べる、頭の中で状況を考えてリハーサルする」などを家でやってきていた。また、よく話す学生がどのように言うかを分析したとも言う。仲の良い友達がよく意見を言うので後について言ったり、刺激を受けながら徐々に自信をつけていったようだ。

　オトは最も発言数が少なく、12回の議論の中で他の学生に質問されて一度答えただけである。高校で短期留学の経験があり、議論する授業もあったと言う。自分の声が小さいことに対する懸念があり「えっ？と聞き変えされると怖気づく」と述べていた。また「よく喋るクラスメートにびっくりした」と言う。教科書を読んだだけでは気づかなかったことを、皆の発言で、「あーそうかー、こういうことを言ってたんや」と理解が深まったと言う。黙っていたけれど傾聴していたわけだ。「初めは自信がなくて、考えを言いにくかったけども、簡単なことでも何かいいたいと思うようになっ

ていった」「詰まり詰まりでも、発言してる人がいたので。それでも皆ちゃんと聞いてるから。そういう風に発言してもいいんだなというか」と発言することへの態度の変化が垣間見える。

　以上、それぞれが、自らの課題を持ってこのタスクに臨んでいたことが伺える。なんとか全員に参加させようとしたタキ、準備して必ず一度は意見を言おうとしたナミ、そして一度も自ら進んで発言しなかったが、発言することの意義を理解したオト。それぞれ異なる学びがあったことがわかる。以上の結果だけを見ても、学習歴、性格、習熟度、英語を使う自信、動機づけ、自らに対する挑戦心、責任感、他者の評価に対する意識、他者との比較、話題に関する知識、準備の程度など個人に関する要因のほか、文化的規範（議論を独占すべきでない）、クラスメートの発言量、クラスの雰囲気、直前に誰が何を言ったか、他者（先生など）の反応のしかたなど、コンテキスト要因が関わることが分かる。学習者のコミュニケーション行動とその心理に注目すると、WTC に影響する要因の複雑さが見えてくるのである。

3．L2WTC を伸ばす実践とスタディ・アブロードの効果

　L2WTC は、外国語教育の目的の一つとして提案されたわけですから、外国語教育実践の中で、L2WTC をどの程度伸ばすことができるかという調査や、実践方法の提案が必要です。それではどのように伸ばすのか？まだ数は限られていますが、現時点での L2WTC 研究の関心は実践に移っています。ムネザネ（Munezane, 2015）では、グローバル・スタディーズのコンテントを用いた実践で、目標設定をする訓練とビジョンを明確にする訓練の両方を受けたグループが、ビジョン訓練だけのグループとどちらもしなかったグルー

プより L2WTC が高まっていることを報告しました。またヤシマとゼヌック・ニシデ（Yashima & Zenuk-Nishide, 2008）では、模擬国連を含むグローバル・スタディーズの教育を受けることで、コミュニケーションの頻度が高まることを見出しています。また磯田（2009）は、通常の授業で簡単にできる英語 WTC を上げる実践として、ペアをベースにした教室内活動を提案しています。

　スタディ・アブロードは、誰でも参加できるわけではありませんが、WTC を伸ばす効果が報告されています。例えば、カン（Kang, 2014）では、韓国において短期スタディ・アブロードの結果、学習者の WTC が上昇し、英語を話す能力、教室内インターアクションへの参加の度合いも向上したことを報告しています。八島（2009）及びヤシマ（Yashima, 2010）においても、国際ボランティアに参加した日本人学生の L2WTC が、統制群と比べて WTC と国際的志向性が有意に上昇したことを報告しました（Box5-4 参照）。この研究では、国際ボランティアに参加する前から、それまでの異文化接触経験のあるなしで L2WTC や不安のレベルに差があった上に、新たに国際ボランティア参加した経験がさらに L2WTC を上げ、不安を下げる働きがあることを示す結果となっています。SLA におけるスタディ・アブロードの研究は言語習得に注目したものはかなり蓄積されていますが、情意面への効果を見たものは限られているので、さらなる研究が必要です。

　本章でも紹介したように、教室の中で日々繰り広げられる学習者の WTC の変化を微視的にみる研究の重要性は再度指摘するまでもありません。しかし教室の先に広がる異文化コミュニケーションの可能性を考慮して外国語学習の意味を考えるという視点も必要です。つまり、外国語をある集団の人が日常的に用い、そのアイデンティティを形成する核となるものであることを意識し、その言語を用いてコミュニケーションを図ろうとすることの意味を

3. L2WTC を伸ばす実践とスタディ・アブロードの効果

考えるという視点です。そこで第6章では、異文化への移動と異文化コミュニケーション関連要因について扱います。

🎤 Box5-4 異文化接触は L2 不安を下げ、WTC、国際的志向性ををあげる ──

　スタディ・アブロードなど異文化接触の効果として、情意要因を扱った研究は多くありませんが、英語を使う必要性を痛感したり、英語を使うということが現実のものと感じられるようになり、その結果動機づけが上昇するというのは十分考えられます。短期の国際ボランティア活動に参加した日本人学生の研究（八島，2009; Yashima, 2010）では、ボランティア参加者が非参加者に比べて、参加前後の時点を比較すると、英語を使う不安が有意に低下し、WTC が上昇しただけでなく、国際的志向性の強まり、特に異文化間接近傾向、国際的職業への興味の上昇と、エスノセントリズムの低下が見られました。この研究においては、参加者、非参加者双方にかなりの数の海外短期ホームステイなどの経験者がいたため、さらにそれぞれを経験者・非経験者に2分割して4群を作り、比較をしました。すると、過去に異文化接触経験があった人は、なかった人に比べて、有意に全ての変数で高い（エスノセントリズム、不安は低い）傾向がみられました。（このことは、WTC 及び国際的志向性は、異文化接触経験を通して高まり、さらにリピートすることで高まっていくことを示唆しています。英語で異文化の相手とコミュニケーションを図り、それが肯定的な経験であると、さらに国際的志向性や学習動機に結びついたり不安を緩和するのだと考えられます。図5-4は、国際的志向性の一側面「国際問題への関心」の変化を表したものです。

第5章　L2 WTC　第二言語でコミュニケーションを開始する傾向

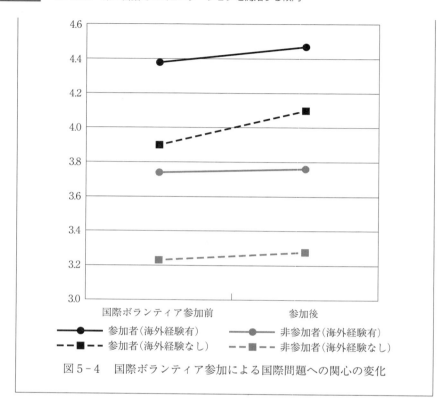

図5-4　国際ボランティア参加による国際問題への関心の変化

Discussion

1. 日本人のコミュニケーションの特徴、また性別、年齢、職業などによって観察できる特徴があるかを分析してみよう。

2. あなたは、どういう場面で、誰と話しがしたくなるだろうか？逆にどのような状況で話すのが億劫になるだろうか？

3. 日常生活で、あなたは誰と、どのような内容の話をするだろうか？日本語で話す場合と外国語で話す場合では、話す内容は異なるだろうか？

4. 外国語で、積極的にコミュニケーションを図るようにするには、どのよ

3. L2WTC を伸ばす実践とスタディ・アブロードの効果

うな教室の環境が必要かを考えてみよう。

5．時に L1 より、L2 を使う時の方が自分の WTC が高いと感じるという人がいる。それにはどういう要因が関係しているのかを考えてみよう。

第6章　異文化接触における第二言語使用と
　　　　アイデンティティ

　グローバル化する社会では、留学、企業派遣、永住目的など様々な理由で異文化に移動する人が増えています。その際個人が直面する課題は、滞在形態や、滞在の目的・期間、滞在先の政治社会経済的状況、母国と滞在先の文化的距離、滞在者の性別・年齢などによって多様です（Furnham & Bochner, 1986)。これまで主に心理学者が異文化へ移動した人の心理や適応上の問題を扱ってきました。しかし異文化への適応に現地語の習得が関わることを考えると、第二言語習得や第二言語コミュニケーションの観点からの研究アプローチが必要です。特にホスト国で仕事や就学するなどホスト国の人々との接触度が高い滞在の形態には、ホストとのコミュニケーションが重要な要因となります。本章では、ホストとの相互作用を通して、自己の変容を伴いつつ対人関係を構築していく課程において、外国語のコミュニケーションが果たす役割に焦点を当て、その中で人が経験するアイデンティティの問題を考えます。

1．異文化接触と言語能力

　北米を中心とした異文化接触の研究においては、外国語でコミュニケーションをするという点を（多くの関連要因の中の一つとして挙げられることはあっても）重要な変数として扱った研究は少なかったと指摘されてきました（Nishida, 1985; ガウラン・西田, 1996; 上原, 1992参照）。アメリカ人が外国に出向いて効率よく仕事をしたり任務を果たすことができるかどうかという点を扱った研究においても、現地語の能力があるかどうかというのは特に大きな問題としては考えられていませんでした。英語を第一言語として話す人

にとって、異文化において言語面で支障を感じた経験が少なく問題として強く認識されなかったのでしょう。むしろ異文化接触を成功に導く普遍的な資質に焦点が置かれてきました（第2章参照）。確かにいくら現地語の能力があっても、適応力や柔軟性のない人や強い偏見をもった人は異文化でうまく機能できません。しかし、日本人が異文化に移動する場合、外国語の能力がまず問題になるのは、通常日本語では意思疎通ができないという現実があるからです。異文化への移動に関わる変数も「誰が」「どの国から」「どの国へ」移動するかで大きく変わるので、それぞれ個別に扱う必要もあるのです。

　アメリカに留学した日本人高校生を対象にした研究で、英語力（英語標準テストで測定した能力）が、異文化での対人形成にどのように関わるかを調べたところ、筆記テストで測定した英語力は異文化での適応感を直接予測することはできませんでした（八島, 2004）。しかし、英語標準テストの点数が高いと自分の英語力を高く認知する傾向があり、自分の英語によるコミュニケーションに自信を持っていました。この自信が積極的にソーシャル・スキルを発揮することにつながり、対人形成を助けていくというプロセスが明らかになりました（Yashima & Tanaka, 2001）。一方、中には英語力があっても必ずしも自信を持つことのできない生徒もいました。また、対人関係スキルの発揮については、外向的な性格が関与していることが示されました。つまり、英語力が相対的に高くてもそれをどう認知するかにより、対人関係への働きかけが異なります。内向的だったり、自己効力感が持てないとなかなか自分から友人形成を開始できないのです。この文化では相手の反応や評価にあまり神経質にならずに積極的に環境に働きかける生徒が適応しやすいことが示されました。自由記述の分析からも、自らの英語力のなさやそれに対する相手の反応に過敏に反応する姿が見られ、習得途上の言語で対人関係を形成する際の課題が浮き彫りにされました。

2．異文化接触とコミュニケーション・スタイルの齟齬

　異文化接触においてコミュニケーション・スタイルの文化差が誤解の原因になることは良く指摘されてきました。人は社会化の過程で他者との相互作用を通して文化を内面化します。それはその文化で生きていく上で必要な認知・行動様式を習得することでもあります。個人が内面化した文化はコミュニケーション・スタイルとして表出されます。異なった文化で社会化を経た人と接触すると行動様式やその解釈の齟齬を経験し、結果としてネガティブな対人評価がおこりやすくなるのです。

　アメリカで日本人高校生の多くが経験したコミュニケーション・スタイルの齟齬の中で主なものを挙げると、「曖昧さの回避傾向」「意思・感情の表現、表出」「葛藤の解決法」に関するものでした（八島，2004; 八島・田中，1996）。まず曖昧さの回避ですが、一般に異文化では行動の意味が分かりにくくなります。特に相手が「察し」てくれたり、言わなくても分かってくれるという「甘え」が通用しないアメリカ文化において、誤解を避けるために説明が必要なことに生徒たちは気づいていきます。親和性の表現の違いはこころに直接訴えるものだけに、その表現がうまくできないと違和感を覚える原因となりやすいのです。日本とアメリカで親和性や喜怒哀楽の表出方法が違うことは、生徒たちはメディアの情報などからある程度心得ているし、実際に生活すれば違いに気づいていきます。しかし、分かっていても行動化は難しいのです。日本では自分の家族に対して作ってもらった料理を褒めたり、どこかへ連れて行ってもらったことに対してうれしさをことばで表現するということをあまりしません。また顔の表情や動作で感情を表すといった非言語行動は、自発的で意識しないでおこりやすく、それぞれ慣れ親しんだ表現の型や水準を変えることは容易ではありません。調査の結果、なによりも実施が困難であったのは否定的な気持ちの表現と対人葛藤の処理でした。ホストファミリーに

対して不満があるときなど、それを表現することができないで我慢したり、親を通して日本の派遣会社に連絡してくるということがよくありました。葛藤の回避は一つの有効な手段ではあります。主体的に葛藤を解決する術がなく、我慢するのですが、一定期間我慢した後、突如ホストファミリー変更という手段に訴えているケースも多く見られました。未成年であり、言語能力も十分でない上、日本においても葛藤解決の経験があまりないことを考えると、自ら対話によって相手と対峙することを要求するのは無理かもしれません。しかし、自らの働きかけで主体的に解決が図られれば、大いに自信が得られることでしょう。

大渕（1992）は葛藤解決方法の日米比較研究で興味深い結果を報告しています。日本の学生たちは、直接対峙して解決する願望をもっているにもかかわらず、経験した葛藤の半数において、何の積極的な解決行動も取らず我慢をしようとしました。それに対しアメリカ人学生は、直接的なストラテジーを実際に使う傾向があり、何もしないで我慢するというケースはきわめて少なかったと報告しています。日本人の学生が葛藤を潜在化させる主たる理由として挙げていたのは、人間関係を悪化させたくないということや自分にも責任があるという判断でした。特に前者に関して大渕は、日本人の葛藤では人間関係を損なわずに葛藤を表面化することが実際に難しいのかもしれないと考察しています。一旦対立が表面化すると人間関係を修復することが困難になることを察知して、そのような局面を極力避けようとするのでしょう。

先に述べた日本人高校生が、留学中に経験する葛藤場面で直接的な解決方法を講じられないのは、人間関係を損なうことに臆病なまでに気を遣う神経質な文化的特性をそのまま持ち込むからでしょう。しかし、相手は、案外自分の立場を堂々と主張する人を好意的に評価するかもしれないのです。日本人の葛藤解決の方法に対する外国人の反応や評価については、研究を蓄積す

る必要があるようです。

　葛藤の回避は、個人の性格やスタイルが影響しないわけではありませんが、社会の中に埋め込まれた暗黙のルールに縛られたところが大きいと言えます。文化的に構成されものであり日本文化で生きていくために必要なスキルとして身につけたものです。そしておそらく「和を尊ぶ文化」を支える心理と行動傾向を表しているのでしょう。しかし、国際的なコミュニケーションにおいて、日本人が異文化の人々と対等に向きあい相互理解を求めていく場合に、議論を通して問題を解決するコミュニケーションは必要になります。それを英語など第二言語でできるようにするのが、外国語教育の役割のひとつでしょう。

3．異文化における言語の習得とアイデンティティ

　海外子女など子供の長期滞在を対象にした研究においては、その文化化やアイデンティティ確立の過程で、言語の獲得が前提となることが示唆されています（Farkas, 1983; 箕浦，1984, 2003）。ファーカス（Farkas, 1983）は、アメリカに親と共に移住し小学校に通う子供たちの、言語と文化の習得の様子を調べました。子供たちが、自分の性格、親の期待や兄弟の有無、日本での就学経験など様々な個人的・環境的要因が絡む中で、大なり小なり葛藤を経験しながらアメリカの文化に適応していく様子をエスノグラフィによって描き出したものです。子供たちは、英語を習得するにつれて、文化的にも適応しアメリカの学校や友人の中に溶け込んでいきます。その変容を４つの適応の段階で表し、その最終的な到達点を「文化差克服期（transculturation）」と呼びました。これは、２つの文化のいずれにも強い一体感と帰属意識を持ち得る状態であると説明しています（河野・ファーカス，1986）。また、この状態においてはどちらの文化でも感情的満足が得られ、いわばバイリンガリ

ズムとバイカルチュラリズムを特徴としているのです。

　箕浦（1984）は、英語力が文化文法の体得の度合いを表すアメリカ文化深度の予測因であることを、パス解析で示しています。箕浦は文化的アイデンティティを対人関係意味空間（文化文法）の体得と捉え、実証的なデータに基づき、アメリカ的アイデンティティを獲得するには9歳〜11歳をはさんで6年間続けて滞在することが必要であるとし、9歳から15歳の6年間を文化の臨界期と考えています（図6-1）。その根拠のひとつとして文化文法を包絡するには、言語の習得が前提となり、それには少なくとも移住後3年から4年かかることを指摘します。

　ファーカス、箕浦とも親の仕事の都合で異文化に渡った子供たちを対象としています。この場合、家族全員が適応という課題に直面します。渡米によ

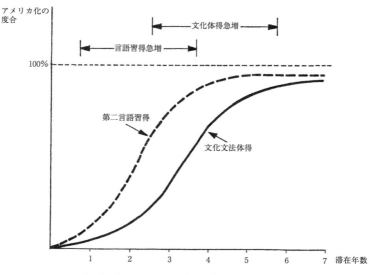

図6-1　アメリカ化のプロセスモデル
（小学校高学年時来米者を仮定したモデル）
箕浦（1984）

り家族内の関係や価値観が変化する可能性はあるものの、子供にとっては家族という大きいサポートがあります。家では普段日本語が使われ、日本人としての家庭生活が営まれます。一方、学校や近所のコミュニティにおいて英語を使うという二重言語生活を経験するのです。これに対し、八島（2004）の対象とした日本人の高校生は、家族や友達と別れて単独でアメリカに渡り、ホストファミリーという新たな保護者を得ます。現地の学校に通うので完全にアメリカ文化に浸る状態になります。この場合、文化と言語の学習のために、イマージョン状態に自ら入った、というべきでしょう。箕浦の研究では、「14〜15歳以降に異文化に入った場合は、母文化の影響を受けており、その文化文法にすぐに染まることはない。しかし、必要に迫られて新しい文化的環境にみあうように外見上は行動形態が変わってくる」（2003, p.254）という指摘があります。一方、八島が調査した高校生にとって、異文化学習は、「認知・行動の調整をしながら、相手の文化の視点を獲得していく過程」と特徴づけられます。その中で英語を習得し、徐々に異文化で機能できるようになり、対人関係を形成していきます。

　ブロック（Block, 2007）は、第二言語を用いることによってアイデンティティが揺さぶられ、葛藤が生じ、何らかの変化が起こる状態を「L2 に媒介されたアイデンティティ・ワーク（L2-mediated identity work）」という表現で表しています。それによると、EFL の教室は第二言語を用いたアイデンティティ・ワークが起こりにくい場所であり、それを補うものとして、（中流の学習者が対象になりがちであるという問題点を指摘しながらも）留学で経験できるアイデンティティ・ワークの可能性にについても論じています。さらにEFL の教室に居ながら国際的なコミュニティに関わっていくような活動や、インターネットで、L2 を用いた実践の共同体に参加していく活動の意義を述べています。教室での実践については、次章に譲るとして、ここでは留学を

通してのアイデンティティ・ワークについて触れたいと思います。

　異文化への移動は、自己概念の揺らぎと立て直しのプロセスと定義することもできます。アメリカに留学した日本人高校生は、当初「英語のできない自分」「対等な会話の相手として友達を満足させることのできない自分」という自らの姿に直面します。つまり英語力が不十分であることは、一人前と見られない自己意識となって自信の喪失につながります。ホストファミリーという場においては家族は一時的な保護者となり、留学した学生も家族の中で子供という役割が与えられ、居場所を確保できます。しかし、学校では居場所は最初から保証されているわけではなく、留学生にとって、ゼロから対人関係を創出し、居場所を獲得することが求められる厳しい場なのです（八島,2004）。

　この調査では、母語で意思伝達ができない状況では、意思疎通や対人関係の形成に第二言語の能力が大きく関与するという判断から独立変数として客観的に査定した英語力を組み込んでいます。それまで適応を予測する独立変数として現地語の能力を調査の対象としている研究でも、能力の測度として自己評価を用いているものが多く（Diggs & Murphy, 1991; Redmond & Bunyi, 1993; Ward & Kennedy, 1999; Zimmermann, 1995）、客観的な言語能力テストを用いているものは少ないという認識があったからです。言語能力とそれをどう認知するかは、コミュニケーションに対する自信という情意変数に影響し、言語行動に重要な役割を果たすと考えられます。応用言語学では言語能力の査定方法の研究が進んでいます。評価法研究の知見にもとづき、異文化接触を潤滑に行うためにはどのような能力が必要かという問いに答えるべく、効果的な異文化間対人関係の樹立のために必要な言語能力を具体的に示すための研究が必要でしょう。

　最近は質的研究も増えてきました。ジャクソン（Jackson, 2008）は、香港

大学のカリキュラムに組み込まれた5週間にわたるイギリスでのスタディ・アブロードを通して、アイデンティティが変化する様子をケーススタディとして記述しています。留学前の準備のための授業、留学中・留学後の振り返りの授業も組み込まれた包括的なプログラムで、1年半に渡って質的データを集め、5人の学生のそれぞれ異なる経験をアイデンティティという概念を核に丁寧に描き出しています。カナダに留学する日本人のアイデンティティを調査したものとしてはモリタの質的研究があります（Morita, 2004　次節参照）。

　異文化への移動にともない違和感を覚えることは、自文化を意識することです。違和感を覚えながら意識的な努力をして認知行動の調整を試み少し無理をしてみることは、行動レパートリーの拡充に繋がり、その結果として異文化へのセンシティビティや柔軟性を養うことができるでしょう。また、アイデンティティ葛藤の経験を通して、新しい自分を発見しながら、自分らしさをある程度保持しつつ異文化でもうまく機能できるような、ハイブリッドなスタイルが見つけられるのかもしれません。

4．多文化社会での第二言語使用とアイデンティティ
4.1 カナダにおける第二言語とアイデンティティの研究

　クレマンとそのグループは、カナダという多文化社会において、多数派か少数派かが言語行動にどのような影響を与えるかに注目してきましたが（第4章参照）、その一環として中国人の移民や滞在者の言語使用状況とアイデンティティの関係を調査しました（Noels, Pon, & Clément, 1996）。その結果、カナダ人との接触を通して英語を使うことに自信を持つにつれて、中国人としてのアイデンティティが希薄になること、その一方で、カナダ人としてのアイデンティティを強く意識するようになってくること、さらに、それがカ

ナダ社会への適応につながっていくことを見出しました。逆に言うとカナダ社会への同化に対して抵抗感を覚えない人ほど、カナダ人と頻繁に接触し、言語習得の意欲も強いため、言語使用に自信を持ちやすいということになるでしょう。またこの調査では、第二言語の習得度が増すほど、第二言語話者との同一化が起こるため、第一言語のアイデンティティが希薄になる可能性を指摘します。つまり、第二言語のアイデンティティは第一言語のアイデンティティを犠牲にして獲得される場合が多いと考えられるのです。そしてこの傾向には第一言語と第二言語の民族言語的バイタリティ（第4章参照）、すなわち力関係が関連していることを示しています。こうなると、ベリー（Berry et al., 1989）が提唱する、多文化共存社会の価値観を表す「統合（integration）」の状態[注2]、つまり自文化とホスト文化の民族的アイデンティティを同時にもつ均衡状態が現実を反映したものかどうかに疑問を付しています。またカナダにおいて、フランス語系であっても、主に英語を使用している人は、英語系のアイデンティティをもっていることなど、日常使う言語の話者としてのアイデンティティを持ちやすいことを見出しています（Clément, Gauthier, & Noels, 1993）。日常的に第二言語を使うようになると、個人のアイデンティティに変化が起こるのでしょうか。この点に応えるべく、クレマンとノエルズは、ジャイルズの民族言語的アイデンティティ（ethnolinguistic identity）理論（Giles & Byrne, 1982）を引き継いで、状況依存型アイデンティティ理論（situated identity theory）という考え方を提示しました（Clément & Noels, 1992）。民族言語的アイデンティティ理論によると、個人はある民族言語的グループのメンバーであることで肯定的な社会的アイデンティティを維持しようとします。しかし、状況依存型アイデンティティ理論では、人はずっと一貫したアイデンティティを持ちつづけるのではなく、アイデンティティはそのときどきの置かれた状況によって変化するというものと考えます。

4. 多文化社会での第二言語使用とアイデンティティ

　第1章，4章でも触れたノートン（Norton, 2000）は、カナダへの移民女性の第二言語学習（この場合英語の学習）を考えるとき、それぞれの女性がもちこんだ歴史やアイデンティティ（民族・ジェンダー）を考慮に入れずにその習得過程を分析することができないと指摘します。ノートンは、第4章で紹介した道具的動機に代わるものとして「投資（investment）」という表現を用います。ノートンの定義によると、投資とは、社会的歴史的に構築された学習者と目標言語の関係とそれを学習し練習することに対する曖昧且つ複雑な思い（socially and historically constructed relationship of learners to the target language, and their often ambivalent desire to learn and practice it）を基盤とした「L2学習へのコミットメント」（Norton, 2000, p.11）と定義されています。ノートンは、社会の力関係の中で弱者の位置に置かれがちな移民の状況に目を向け、困難な状況の中で、第二言語を学習することで自らの将来像に投資しようとする移民の女性たちの姿を描こうとしました。第二言語を習得していくことは、その言語に投資していくことだ、とします。そして、彼女が問題にするのは、その言語の習得を通して、「自分は誰なのか」さらに、「自分は誰になっていくのか、どうなりたいのか」という意味でのアイデンティティがいかに個人と社会のせめぎ合いの中で構築されていくかという点なのです。ノートンは、第二言語の指導には、学習者の置かれた立場に対するセンシティビティが必要であることを唱え、SLA研究に社会学的なレンズを持ち込んだのです。

　ノートンの研究は応用言語学の分野でアイデンティティの研究が盛んになる契機となりました。いわゆるソーシャル・ターンと呼ばれる潮流（第1章4章参照）の中で、個人の認知的なプロセスとして扱われてきた言語習得は、コミュニティの中で、自らの位置どりを見出して行くプロセス、つまり社会的なプロセスであることを突きつけました。その後アイデンティティという

観点から第二言語使用を扱った研究は爆発的に増えてきました。(Block, 2007; Lee, J. S. 2002; Pavlenko & Blackage, 2004; Kanno, 2000; Morita, 2004)。カンノは、親の仕事の都合でカナダに移住したいわゆる海外子女のアイデンティティを調査し、ケーススタディとして個人の性格や第二言語の相対的な能力、家庭環境などはそれぞれ異なっており、その経験は多様であることを描きました。一方モリタはカナダの大学院に留学した日本人の女性を対象に、エスノグラフィによってそのアイデンティティの葛藤を描きました。授業での議論に参加することの困難さは、本人の意思や努力によってのみ克服できるものではなく、教室文化とその中に埋め込まれた力関係に影響を受けることを指摘しました。

4.2 在日外国人の言語とアイデンティティ研究

　日本においては、在日韓国人を対象にした調査で、普段から韓国語をよく使い、その能力を高いと感じている人ほど、韓国人としてのアイデンティティも強いことを見出しました（鄭・八島、2006）。この研究では124人の在日韓国人を調査した結果、日常に韓国語を多く使用する人ほど、韓国人としてのアイデンティティが強く、この傾向は一世から二世三世となり日本語の使用が多くなるにつれて、弱まっていました。このことから、継承語を喪失することで、その民族のアイデンティティも失っていく可能性が示されます。一方で、在日韓国人の場合、差別を避け日本文化への順応を選択した結果として通常の言語シフトより日本語の習得が早まったという見方もあります。このような状況では、言語と民族的アイデンティティはより複雑になるでしょう。

　外国語を使うことが、母語の喪失や自文化アイデンティティへの脅威となる場合、人は、外国語の習得を抑制しようとする傾向があることが北米の移

民を対象とした研究は示唆しています。多数派の日本人が日本において外国語を学習する場合、日本語の喪失を伴ったり、アイデンティティの危機に直面することは普通はありません。おそらくは、危機感のなさゆえに、外国文化の影響に対して寛容なのでしょう。しかし日本においてもジェンダーや民族的出自と外国語を学習する傾向は無関係ではありません。そしてそれはおそらく、それぞれのグループがおかれた社会的な位置や立場と関係があるでしょう[注3]。個々の学習者の社会文化的な立場とライフヒストリーやアイデンティティを考慮せずに、その人が第二言語を学習する意味やその学習行動を深く探り出すことができないということになります。特に異文化接触状況における第二言語の習得は常にアイデンティティの交渉と背中合わせなのです。

サン・アントニオ（San Antonio, 1987）は、日本のアメリカ系企業における第二言語の使用と日本人としてのアイデンティティの関係を参与観察という方法で調べています。彼女によると、日本語を話すことは日本人としてのアイデンティティに深く結びついています。この企業においては従業員は職場で英語を話すことがルールとなっていますが、日本人従業員の英語力には大きなばらつきがあります。英語が使えることは「アメリカ人が共に働ける日本人」というアイデンティティの印となり、英語力は日本人従業員の組織内の位置取りや役割に直接的な影響を及ぼすのです。この研究は、アイデンティティの研究において第二言語能力が重要な要因となりうることを示している点に意義があります。

浅井（2006）は日本の英語教育現場に外国人指導助手（ALT）として入ったアメリカ人のアイデンティティを調査しました。個人、すなわち、ミクロなレベルでの「位置取り」のプロセス（本国でマジョリティであった西洋人が日本においてマイノリティの位置に置かれるなど）が、学校環境や制度、

第6章　異文化接触における第二言語使用とアイデンティティ

歴史といったマクロの次元とどう関係しているのかを、学校でのフィールドワークに基づく厚いデータをもとに解き明かしています。

　このように、日本の国内において日本人が外国語を学習する場合、外資系企業で英語を使う局面でも、また外国から日本に来た人が日本語を使う場合でも、様々な場面でアイデンティティの交渉が起こります。今後、在外日本人のアイデンティティ、日本国内に居住するマイノリティの言語使用とアイデンティティについて、また外国語コミュニケーション能力の発達と自文化の表出など、言語とアイデンティティについてより深くまた長期的に研究する必要があるでしょう。

5．異文化コミュニケーションの社会心理学

　本節では、主にコミュニケーション学の研究に基づき、個人の心理的要因としての異文化コミュニケーションの動機や情意に関連する要因やそれを説明する概念を、第二言語使用との関連で考察します。この中には国際的志向性の概念的定義の基礎となったものも含まれています。

5.1 接近・回避傾向（approach avoidance tendency）

　日本人にとって日頃日本人性というものを意識する機会はあまりありません。はじめて自分が日本人であるのを意識した時のことを尋ねると、ほとんどの場合「日本語の通じない人」「白人など容姿が異なる人」など異文化の相手との出会いについて言及します。人は自分と共通性の多い人と話すことに心地良さを感じ、異質な部分が多い人との出会いは緊張感を伴うものです。金髪で鼻ピアスをした若者は類似の容姿を持つ若者同士で集い、同じ学校に子供を通わせる同世代の母親同士お喋りを楽しむといった具合です。一般に異世代、異職業、異民族を越えた友人関係は、同じ場合より成立しにくいと

5. 異文化コミュニケーションの社会心理学

言えます。

　留学生を対象にした多くの調査で、ホスト国の友人ができにくいことが報告されています（Bochner, Hutnik, & Furnham, 1985; Bochner, McLead, & Lin, 1977; Furnham & Alibhai, 1985; 八島，2004）。どのホスト国でもその国の学生は、海外からの留学生に接近しようという意思が強くないようです。自分の身近な人間関係に満足しているとき、あるいはそれに悩みを抱えているとき、わざわざ異なった他者（dissimilar others）に接近し、対話を開こうとする気持ちは起こりません。しかし、多様な他者とのコミュニケーションは、他者を受け入れる人間の包容力を広げたり、新たな自己の発見に導かれます。何よりも、多文化の共生が地球規模の課題になっている時、自国を訪れている異文化の相手との対話を求める態度を育てるために、何らかの教育的努力が必要となるでしょう。

5.2 エスノセントリズム（ethnocentrism）

　異文化への相手の接近傾向に影響を与える心理的要因の一つがエスノセントリズムです。エスノセントリズムは サムナー（Sumner, 1940）によると「自分が属すグループがすべての中心であり、それ以外はこれに従って測られ順位づけられると考える傾向」と定義されています。内グループは正しく優れており、外グループが劣っていると考える傾向と定義される場合もあります。ここでは、グディカンスト（Gudykunst, 1991）に従い、「他者の行動を自文化の基準で解釈したり、判断する傾向」と定義しておきます。つまり、グディカンストは、エスノセントリズムは誰しも自然にもっている傾向で、その強さは連続線上で表されると考えています。エスノセントリズムが強いと相手の行動を自文化の基準でネガティブに評価しがちであるが、この傾向を意識化することで、自らの解釈や判断の誤りを是正できると考えているの

153

第6章　異文化接触における第二言語使用とアイデンティティ

です。

　エスノセントリズムの強さを表した行動として、ルーケンズ（Lukens, 1978）は、文化差に対して配慮のない行動をとる、異グループの人との接触を避けたり制限する、異グループに対する敵意を露わにするという可能性をあげています。エスノセントリズムが低いと、人は異グループの人と対等に接しようとし、相手をその文化の観点から理解しようとし、相手とのスタイルに合わせるなどして距離を縮めようとします（Gudykunst, 1991）。この示唆に従えば、相手の言語で話そうとするのは、通常相手と接近しようとする気持ちの表れと受けとめられます。（しかし、英語のように実用性の高い言語の場合は、この関係は複雑です。）

　李（Lee S. I., 2002）は日本人を対象にエスノセントリズムと英語学習動機、英語の習得度の関係を調べました。共分散構造分析により、エスノセントリズム傾向の強い人が、英語のモーティベーションが低く英語の習得度が低い傾向にあることを見出しています。八島（Yashima, 2010）は、大学生が、短期の異文化接触の結果、エスノセントリズムが低下し、異文化に対する開放的な態度が上昇したことを報告しました（第5章参照）

5.3 ステレオタイプとコミュニケーション

　私たちはさまざまな経験を通して、世の中の事象に対してカテゴリーを作り蓄積していきます。構造化された知識となったカテゴリーをスキーマと言います。ステレオタイプはスキーマの一種であり人間を対象としたものです。私たちは人間を「女」「日本人」「大学生」「黒人」「医者」などのグループに分け、それぞれに対し一定のイメージをもち、代表的な特徴を記憶しています。一般に自分の所属する内グループに対しては、分類は細かく精密な描写ができますが、外グループに対してはおおざっぱな特徴で把握しがちです。

また、内グループについては好意的な情報を思い出しやすいが、外グループに対しては、否定的な情報を記憶しやすいという研究結果もあります。

ステレオタイプは自然に誰でも行っている認知的な情報処理の結果であり、相手の行動を予測したり、自分の行動を決定する際に必要です。たとえば、私たちが初対面のアメリカ人と接触する場合は、「アメリカ人」というステレオタイプに沿ってその行動をある程度予測しながら行います。相手を個人として見るよりも抽象的・漠然とした対象として対処しがちです。しかし、相手を良く知るに従って、個性をもった現実的な対象として対応できるようになります。いつまでも、その人が属するグループの固定的なステレオタイプを持ち続けることは、コミュニケーションや関係性の進展に支障をきたすのです。

外国語を学習する際、様々な場面のスクリプト（例：初対面の会話、ものを依頼する時の会話など一定のシナリオのようなもの）を学習するのが普通です。スクリプトは物事の手続きに関するスキーマの一種です。外国語でコミュニケーションができるということは、ある程度広範囲の場面における、その言語を使ったやりとりのスクリプトができていることを意味します。基本的なスクリプトがないとスムーズなやりとりは不可能でしょう。しかし、同時に相手との接触を重ね、その言語での経験を深めるに従って、スキーマやスクリプトを調整していく柔軟性が求められます。とりわけ人に関するスキーマであるステレオタイプを、細密化したり、再構築していくことは、異文化の相手との対人関係を進める上で重要です。

5.4 開放性（openness）

異文化接触において新たな情報や学習経験を受け入れやすい性格特性をキム（Kim, 2001）は開放性（openness）と呼んでいます。環境変化への抵抗感

第6章　異文化接触における第二言語使用とアイデンティティ

が少なく、新たな経験を積極的に受け入れるタイプの人は、異文化接触に積極的に関わることができます。美意識の基準を調整したり、行動レパートリーの拡充も抵抗なく行えます。柔軟性、心の広さ、曖昧な状況に対する耐性などとも関連しています。このような個人の特性については、異文化コミュニケーション能力（ICC）として研究されてきました（第2章参照）。

5.5 バイカルチュラリズム

　異文化への移動はストレスを伴います。前述のキムは、人が異文化においてストレスを経験するたび、少し引き戻されるが、それがまた前に進むエネルギーを生み出すというサイクルを繰り返すと考えており、このプロセスを"The stress-adaptation-growth dynamic"と呼んでいます（Kim, 2001）。自分の慣れ親しんだ認知行動パターンである自然の状態を越え、新たな行動を試み、少し無理を試みることです。しかしそれが身に付くと「第二の自然」が生まれたことになるのです。手塚（1995）は、この変容のプロセスを「第一の自然、それを越えようとする不自然な努力、第二の再構成された自然の回復という弁証法的循環（p.138）」と呼んでいます。

　マツモト（1999）は、自文化と他文化の二つの認知・情動・行動システムを内面化した状態をバイカルチュラリズムと呼びます。バイカルチュラルになるためには、おそらく二言語を自由に使える状態、バイリンガリズムが前提となるでしょう。異文化への移動の後一定の時間を経て、バイリンガル・バイカルチュラルの状態に成ったとき、人は二つの文化的パースペクティブを行き来します。そして、キムの言うどちらの文化をも超越した異文化間アイデンティティを獲得するのかもしれません。

　箕浦（2003）は、異文化葛藤の本質は、「認知や行動はホスト社会の文化的意味を担って動くのに、情動は母文化の文化的意味に沿って動くなど認知・

行動・情動の間にズレが生じる」状態と考えます。箕浦の調査では、認知的に分かっていても行動することができない認知 -- 行動にズレが見られるケース、行動のまねをすることはできても心にしっくりこないものが残る行動 -- 情動にズレのあるケースも多いと報告しています。認知・行動面では、日米のバイカルチュラルになるものは見られたものの、調査した中では情動の動きもバイカルチュラルとなるのは観察されなかったとのことです。この結果を参考にすると、マツモト（1999）が示唆するような二つ情動システムを内面化した状態というのは実際には極めておこりにくいのかもしれません。だからこそ、マツモト（1999）は、情動面の制御の重要性を異文化適応力の理論の中心に据えているのでしょう。

5.6 コミュニケーション調整理論（communication accommodation theory）

「ヨーロッパのユースホステルで、ドイツ人、イスラエル人、オーストラリア人、南アフリカ人、イラン人、アメリカ人、日本人が出会い、一緒に食事の支度をする時、何語で話すであろうか？」「お互いの言語を話せる二人が会話をする時、どちらの言語を使うかはどのようにして決まるのか？」Giles & Noels（2002）の論文はこの問いかけで始まります。このように異文化背景をもった人たちが出会うとき、使う言語やそのスタイルはどのように決定されるのでしょうか。この言語選択と調整の交渉の過程と意味に関わるのが、コミュニケーション調整理論です。ジャイルズとノエルズ（Giles & Noels, 2002）によると私たちはすべて、コミュニケーションの相手の視点に立ち、多かれ少なかれ自分のスピーチのスタイルを調整しているとします。子供に対しては、語尾のピッチを少し上げるなど話し方が優しくなったり、難しい語彙を避けたりします。また、外国人と話すときにゆっくりと一語一語明瞭に話し

第6章　異文化接触における第二言語使用とアイデンティティ

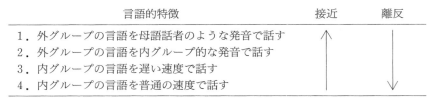

言語的特徴	接近	離反
1．外グループの言語を母語話者のような発音で話す	↑	
2．外グループの言語を内グループ的な発音で話す		
3．内グループの言語を遅い速度で話す		
4．内グループの言語を普通の速度で話す		↓

図6-2　コミュニケーションスタイルの接近と離反
(Giles, Bourhis, & Taylor, 1977)

1．対称的接近	A ⟶	⟵ B
2．非対称的接近	A ⟶	⟵ B
3．相手の無変化に対し接近	A ⟶	B
4．相手の離反に対し接近	A ⟶	B ⟶
5．対称的離反	⟵ A	B ⟶
6．非対称的離反	⟵ A	B ⟶
7．相手の無変化に対し離反	⟵ A	B
8．対称的無変化	A	B

図6-3　コミュニケーション・アコモデーションの程度、方向、相互性
(Giles & Noels, 2002)

たりするのを、フォーリナー・トークと呼びます。このような現象をジャイルズらはコミュニケーション・スタイルの接近と（convergence）と離反（divergence）という概念で説明しています（図6-2）。

図6-2は、例えば日本人がアメリカ人と話す時に、英語で母語話者のような音声的特徴で話す場合は、もっとも相手に接近しようという気持ちが強いことを表します。これには能力が関わるので、少なくともなるべく母語話者に近い発音やイントネーションで話す努力をする場合が、これに相当すると考えられます。英語で話しながら日本人的な表現や音声的特徴をわざと残そうとするのが、2.のタイプ、3.は、日本語を相手に分かるようにゆっくり話す場合。4.は日本語を通常の速さで話す場合で、相手から離反しようとする

5. 異文化コミュニケーションの社会心理学

傾向が強いことを表しています。逆にアメリカ人の方が日本語を使う場合も、同じモデルで説明できますが、現実にはこのケースは少ないかもしれません。また、図6-3で示されるように、調整は相互的な場合とそうでない場合があります。日本人とアメリカ人が英語で話す場合、互いに接近しようとする気持ちがあれば、日本人はなるだけ母語話者に近い英語を話そうとするでしょうし、アメリカ人の方は、速度を落としたり、発音を明瞭にしたり、俗語を避けるというようにいわゆるフォーリナートークを使い、相互理解がスムーズに進むように調整します。しかし、この場合、あまり調整しすぎると聞き手は自分の英語能力を低く見られたと感じ、気を悪くするかもしれません。また、日本人が英語話者に近づけて話しているつもりでも、必ずしも行動としてそうできているとは限りません。意図としての調整と、それが実際の行動としてどう表れるか、また聞き手がどう受けとめるかは必ずしも一致しないので、大変複雑です。

　言語は共通のアイデンティティを確認したり、互いの連帯を表す手段であると同時に、社会的な境界を明確にするためにも使われます。相手に合わせて言語やスタイルを変化させないことは、相手との間に距離を置きたいという気持ちの表れとなるのです。たとえば教師が学生に対して、親しくなっても教師的な話し方を変化させないとき、意識的もしくは無意識で相手との間に一線を置こうとしているのでしょう。私たちは日常の会話の中で、相手の話す量に合わせて自分の発話量を調整するという行為を無意識に行っています。声の大きさや話す速度についても同様です。社会心理学では、これは相手と同調する傾向（シンクロニー）の一種であると考えられています（大坊,1998）。

5.7 コード・スイッチング（code-switching）

　私たちは職場の会議で話す時と、家族や親しい友人と話す時では、スピーチのスタイルを変えるのがふつうです。場面やその時の役割、相手によって、話す言語やスタイルを変える行為は、前述のコミュニケーションの調整にあたりますが、その言語やスタイルを切り替えることをコード・スイッチングと言います。私は関西の出身でふつうは関西弁で話しますが、学会で発表するときなど、フォーマルな状況では、自然に標準語のイントネーションになります。以前小学校の国語の授業を参観した時に、普段は大阪弁の子供たちが、先生に当てられて朗読する時、標準語に変わるのに驚いたことがあります。最近の子供たちは、このように、ほぼ無意識に方言と標準語のコード・スイッチングをします。メディアの影響で、標準語のインプットが多いためと思われます。

　２つの言語を話せる人が、第一・第二言語を使い分けたり、第一言語の中に第二言語の語句や文を混ぜる現象もコード・スイッチングです。ある状況の社会的基準やルールによってコード・スイッチングが起こる場合は、状況依存型コードスイッチング（situational code-switching）と呼びます。これに対し、内グループの言語（通常第一言語）で話している中に外グループの言語を散らばせること（あるいは、その逆）を象徴的コードスイッチング（metaphorical code-switching）と呼びます（Gudykunst & Schmidt, 1987）。一般に国際結婚をした家族では、子供たちが、父親とはドイツ語、母親とは日本語というように二言語を使い分ける場合が多いですが、これは、状況依存型コードスイッチングの例です。一方、アメリカに移住した日系人同士が英語で会話をする際に、日本語の単語や表現が混ざることがありますが、これは象徴的コードスイッチングの例です。

6．言語とパワー

　前述のコミュニケーション調整とも関連しますが、異文化間の会話でどの言語を使うかという問題を考えて見ましょう。多くの場合、コミュニケーションを成立させるために、参加者のどちらかが第一言語でもう一方が第二言語を使うか、もしくは両方が第二言語を使うことになります。これを決定する要因についてパワーの観点から考えてみましょう。相手と対等な関係かどうかはこの決定に影響するでしょう。例えば、ビジネスにおいて相手が顧客の場合は、一般的にはものを売る側が調整することを期待されるででょう。また、相対的な言語のバイタリティも関係するでしょう。サン・アントニオ（San Antonio, 1987）の例のようにアメリカ資本の企業においては、日本国内でも英語が社内使用言語です。一方日本企業に勤めた外国人は通常日本語を話すことを要求されますが、日本で英語の授業を担当する英語のネーティブ・スピーカーである ALT は日本語能力を要求されないというように例外もあります。英語のバイタリティが強いため、英語が標準となる場は増えています。国際語と認識されている英語の話者に対しては、日本国内でも日本人側が英語ができないことを謝ったりする光景すら見られます。

　ことばは常に社会的文脈の中で使われます。マーティンとナカヤマ（Martin & Nakayama, 2000）は、個人が置かれた社会的役割によって、同じことを言っても解釈のされかたや評価は異なると指摘します。「畜生！」ということばを、教師が言った場合と中学生が言った場合、あるいは男性が言った場合と女性が言った場合では、同じように受けとめられないでしょうし、インパクトも同じではありません。マーティンとナカヤマは、法廷で裁判官が「言論の自由」について述べると、法曹界とは関わりのない隣人が同じことを言った場合に比べて、はるかに重みをもつことを例としてあげています。こういった場合、その人が個人的にどういう人物なのかということではなく、その人

が代表する職業グループや社会的役割によってことばのもつ意味が変わるのです。

　言ったことがどう評価されるかは、その場で期待される役割とも関係します。一般に、アメリカ人は日本人よりも直接的にものを言うと考えられています。一種の文化的なステレオタイプです。この場合、ステレオタイプに従って、アメリカ人が直接的にものを言ってもさほど否定的な評価は受けませんが、同じことを日本人が言うと否定的に取られる可能性があります。西洋人タレントがメディアのコメンテイターとして使われ日本社会を斬るのは、おそらく、ずばずばとものを言うことが期待されているからでしょう。また、男性が歯に衣を着せずにものを言う方が女性が言う場合より否定的な評価を受けにくいのです。

7．文化内の多様性と弁証法的アプローチ

　前節と矛盾するようですが、日本とアメリカというように文化の比較をするやいなや、文化内の多様性を一時棚上げして議論することになります。これは、個人主義・集団主義など価値観の文化比較をする場合（例：ホフステード，1995）に言えることです。比較文化研究は多くの重要な知見を提供します。しかし、文化をマクロレベルで語る際にその陰に隠れてしまうマイノリティの存在を顕在化する必要性や、「日本人とアメリカ人のコミュニケーション様式の比較」と言う時の日本人とは誰なのか、アメリカ人とは誰なのかという疑問を同時にもつ必要があるでしょう。

　前述のアメリカに移動した高校生についても、異文化への適応力が最も問われるのは、自分が前もって描いていた理想的・典型的な「アメリカ人観」や「アメリカの家族像」の修正を求められる状況に直面したときです。障害者のいる家庭、経済的に困窮した家庭、アジア系アメリカ人の家庭、老人一

人暮らしの家など、それぞれ個別の事情をもつ多様なアメリカの家庭の現実に接した時にいかに自らの認知的枠組みを調整し、新たな環境を受容していけるかこそが、自己制御能力や柔軟性を問われる場なのです。異文化コミュニケーションにおいては、文化的な自己と個人的な自己の両面が意識的、無意識的に表出されます。どの二つの文化を比べても相違点だけでなく類似点もあります。このように多面的で、複雑な人間と文化の関係を理解するには、矛盾を統合し真実に到達しようとする「弁証法的アプローチ（dialectic approach）（Martin & Nakayama（2000））」が有効です。ここでは、本章の締めくくりとして Martin & Nakayama が提唱する 6 つの "dialectics"（八島・久保田（2012）では「文化の問答」と訳している）について解説を加えながら紹介します。

— Cultural—Individual Dialectic

　人は内面化した文化として、同じ文化で育った他者と共通する部分を持っています。たとえば日本で生まれて育った人は、普通日本人的なコミュニケーションの様式、ものの言い方や葛藤処理の仕方を身につけています。しかし、同時に個人の性格や気質、好みなどその人独特の側面もあります。またジェンダーや年齢的特徴も表れるかもしれません。すべての人はこのような多面性をもっているのだということを頭に置いてコミュニケーションを進めていく必要があります。

— Personal—Contextual Dialectic

　私たちは置かれたコンテキスト、つまりその場で与えられた役割や社会的状況に応じてコミュニケーションの方法を変えます。ある人が医師として、患者と話している時と、母親として子供の担任の先生と話している時では、

第6章　　異文化接触における第二言語使用とアイデンティティ

言葉の使い方や話す内容、視線や姿勢など非言語コミュニケーションも変えるでしょう。しかし、一方でどのような役割行動をしている状況でも自分らしいスタイルは残っています。

— Difference—Similarities Dialectic

私たちは他者と似たところもあれば、違うところもあります。男性と女性、日本人とアメリカ人には相違点もあるが類似点もあります。人とコミュニケーションをする際、どちらか一方だけに注意を集中させないことが大切です。

— Static—Dynamic Dialectic

文化には時代を超えて変わらない側面と、刻々と変化する動的な側面があります。これだけ地球規模の人の行き来が激しく、メディアの国際化が進むと、他文化の影響は避けられません。日本においても衣・食・住の西洋化（特にアメリカ化）や、先進国に特有の効率重視の生活観への変化はかなりの速度でおこっています。表面的な変化とうらはらに、前に述べた葛藤解決法など、変わりにくい部分もあります。宗教を基盤とした精神文化の深層はもっとも変化しにくいもののひとつでしょう。

— History/ Past—Present/ Future Dialectic

異文化コミュニケーションでは、現在と過去を同時に見る視点が求められます。自文化と相手の文化の歴史的経緯に対する認識と配慮が、現在の異文化間の関係を理解し、未来の関係を見据えて進めていく上で重要です。

— Privilege—Disadvantage Dialectic

我々は受益者であると同時に不利益を被っています。ある状況では受益者

7. 文化内の多様性と弁証法的アプローチ

だが、他の状況ではそうではなくなるのです。例えば、日本で裕福で社会的地位が高い人が、海外に渡航したとき、現地の言語が話せず、どう行動するかという手がかりを失い、いつも当たり前と思っていたサービスへのアクセスを失い、弱者であることを経験するかもしれません。ジェンダー、人種、年齢、経済状況などによってさまざまな側面をもつ個人は、誰しも強者の面と弱者の面をあわせもつのです。

Discussion

1. 外国語で母語に近いコミュニケーション能力をもつことは、日本人らしさの一部を喪失することになるのだろうか。

2. 人が異文化へ移動した場合に、その土地の言語を学習することの意義をまとめてみよう。

3. 日本人が異文化において対人関係を形成する上でどのような問題に直面する可能性があるか考えてみよう。

4. スムーズな異文化適応、異文化接触のために外国語教育としてはどのような指導をするべきか考えてみよう。

5. 日本に滞在している外国人は日本語を使う時どのような気持ちをもつのだろうか。知り合いの人がいれば尋ねてみよう。

第7章　コミュニケーションと外国語教育：
##　　　教育実践への展望

　外国語で積極的にコミュニケーションをする学習者を育てるためには、自然にコミュニケーションが起こるような環境を作る必要があります。第1章で使用基盤モデルの考え方を提示しましたが、言葉は使いながら習得されるのです。ダンスとダンサーが切り離せないように、言葉とコミュニケーションを切り離すことはできません。ダンスをしないとダンスができるようにはならないように、言葉も使う場がないと習得されないのです。

　教室内に自然のコミュニケーションの場を作ろうとして発達したのが、コミュニカティブ・アプローチです。その後この考え方の基本を踏襲しつつ、言語の形式にも注意を向けるフォーカス・オン・フォームなどの考え方が提案されます。これをを取り入れた言語教育実践としては、タスク・ベースの言語教育が有名で、広く実践されています（Box7-1 参照）。本章では、コミュニカティブ・アプローチについて、その発達の歴史と考え方を見たのち、コミュニカティブ・アプローチの一環として発達してきた、コンテント・ベースの外国語教育（CBLT）を取り上げます。これがその系譜を見ても外国語コミュニケーションの心理と関係の深いアプローチであると思うからです。最近、EUの教育政策をベースにした考え方として内容言語統合型学習（CLIL）について語られることが多いですが、歴史的経緯は異なるものの、実践方法や期待される成果としては、CBLTと共有している部分が多い（渡辺・池田・和泉，2011）のです。CBLTは、1950年代にカナダで始まった第二言語による教科教育（いわゆるイマージョンなどバイリンガル教育）を発端とします。第4章で紹介されたガードナーによる動機づけなどの情意要因の研究もこのカナダのバイリンガル教育という場で始まり、カミンズ（Cummins）などが

167

第7章　コミュニケーションと外国語教育：教育実践への展望

その理論的基盤を作ったことでも知られています。情意的側面やコミュニケーションを扱う本書では、内容に重点をおいた外国語教育に注目し、その心理面に光を当てると同時に実践的意義を論じることにします。

　章の後半では、本書のまとめとして、第1章でも少し触れましたが、日本の外国語教育でめざすべきコミュニケーション能力とはどういうものなのかについて考えます。

1．コミュニカティブ・アプローチ

　20世紀半ばの欧州において、文法的な文を生成する能力を持ちながら、簡単な伝達行動にも困難をきたす学習者が存在することから、文法項目に沿ったいわゆる文法シラバスや言語構造の習得に重点を置いたオーディオ・リンガル（audio-lingual）学習法では、伝達できる学習者を生み出せないという認識がもたれるようになってきました。第1章で紹介したハイムズの理論やオースティン（Austin）の発話行為論の発達などを背景に、言語使用の規則やコミュニカティブ・コンピテンスに注目が集まるようになり、また、伝達能力の養成をめざす指導法やシラバスが生まれてきたのです。第1章でも述べましたが、オーディオ・リンガル学習法の理論的基盤となっていた行動主義心理学が批判を浴び認知主義的な心理学へと大きく変化しました。その中で、言語学習も刺激‒反応に基づく行動の条件付けを促す活動から、発見し、創造していく過程としての学習に重点が移り指導法が変わっていったのです。こういった指導法・シラバスの総称がコミュニカティブ・アプローチです。

1.2 コミュニカティブなシラバスの編成

概念と機能

　1971年ヨーロッパ会議に委嘱を受けた専門家チームが、意思伝達をするた

めに必要な教授項目とシラバスを編成するという課題を与えられました（ジョンソン・モロウ，1984）。これを受けて「概念」「機能」から構成されるシラバスが提唱されました。たとえば、"You will come tomorrow." という文において、文中に表されている「概念」を分析すると、「未来」「話者以外の人物の存在や行為」となりますが、これだけでは、「命令する」という話し手の意図は明確になりません。ここで「機能」が必要です。「機能」とは、人がある発話をする意図は何かという問いの答えとなる「依頼するため」「同情を表すため」などが発話の機能です。このように言語を教えるためには、「概念」「機能」の両面が必要という認識がもたれるようになったのです（ジョンソン・モロウ，1984）。

必要な概念・機能の選択

　シラバス編成のためにはまず、学習者が遭遇するであろう１）場面、２）話者・相手の役割、３）話題を特定することが必要になります。このようなニーズの分析に基づき、機能別（依頼する、紹介する、謝る）、概念別（金額の表現、場所の表現）、話題別、場面別（学校、空港、病院）などの編成方法が考えられます。学校教育のように、多数の学習者に対して、将来どのような場面で言語を使うかが不確定な段階で最大公約数的な共通の核を選定することは容易ではありませんが、可能な限り学習者の日常生活や生きている世界に関連した場面設定が求められます。例えば、高等学校の教科書であれば、学校で日本人の生徒が ALT のアメリカ人と、クラブ活動の話をしている場面を想定し、言語材料とその場で必要となる概念や機能を選定するというような作業となります。この例では場面を基礎にし、そこに概念・機能を埋め込んでいます。また、多くのシラバスでは、機能、概念、話題、場面を組み合わせています。

1.3 教授法・教材の選定

　コミュニカティブ・アプローチにおいては、教室に実際のコミュニケーションの必然性や場面を作り出そうとします。ロールプレイ、シミュレーション、インフォーメーション・ギャップを利用した活動などが導入され、情報的価値の低い活動（たとえば、誰がみてもペンと分かるものを指して"What's this?" "It is a pen." というやりとりをする）から伝達の必然性を作り出す教材への変換が図られたのです。行動主義心理学に基づく、習慣の形成をめざした活動であるパターン・プラクティスに対し、認知心理学の影響を受けた方法は、話者が伝えたい意味、そして他者との意味の共有に重点を置きます。共有すべき情報があること、情報を共有したいという状況を作り出すことが大事なのです。サビノン（Savignon, 1983）はコミュにカティブ・アプローチの基本的な考え方として以下の7点を挙げています。

コミュニカティブ・アプローチの基本的な考え方

1．ことばとは創造的なものだ。

2．言語使用は、参加者の役割、状況、相互作用の目的などによるコミュニケーションの枠組みの中で必要となる多様な能力から構成される。

3．第2言語の学習は第1言語と同じように、学習者の必要と興味から始まる。

4．学習者の必要性と興味の分析が効果的な教材開発の基礎となる。

5．練習の基本単位はテキストあるいは談話であるべき。

6．言語を産出する訓練は常に意味を伝達するためにあるべき。初期の段階では、正確さは必要でなく期待すべきでない。

7．教師は学習者の必要を満たすためにいろんな役割を演じるべきである。

（Savignon, 1983, p23-24）

1. コミュニカティブ・アプローチ

　現在言語教育で広く取り入れられているタスク・ベースの言語教育（Box7-1）は、コミュニカティブ・アプローチの特徴を多く有しています。しかし、コミュニカティブ・アプローチでは多くの場合、意味中心の活動における付随的（incidental）な習得が強調され、明示的に文法を学ぶという点がやや抑えられていることから、十分に文法の知識が発達しないなどの問題点が指摘されるようになりました。そこで意味中心の活動をしながらも、必要な言語形式に気づかせる、フォーカス・オン・フォーム（focus on form）が重要と考えられるようになりました。

　外国語教育において、学習者ができるだけ自然に言語を創設する必要が認識される中で、その実行計画や実際の活動がタスクと呼ばれるものです。タスクは、効果的な第二言語教育実践として整備され、広く利用されている形式です。その中でフォーカス・オン・フォームも実践され、その言語習得への効果についても非常に多くの研究が蓄積されています。多くの著書も書かれていますので（例：Ellis, 2003）参考にしてください。

🍄 Box7-1　タスク・ベースの言語教育

　Ellis（2003）によると、タスクとは、言語教育において、目標言語を使う機会を創り出すための作業プランであり、活動や教材の形態をとる。また、タスクの特徴として以下の5点を挙げている。

1. 意味にフォーカスした活動である。タスクはそのデザインによって、学習者が使う言語形式に制限をかけたり、一定の文法形式を使うようにデザインされることはあるが、どのような言語を用いるかは学習者が決定する。

2. タスクは、教室の外の世界の自然な言語使用を反映したものであり、そこには情報のギャップがある。

第7章　コミュニケーションと外国語教育：教育実践への展望

3．4 技能のいずれを使っても良いし、組み合わせても良い。

4．選択する、分類する、順序を考える、理由を考えるなどの認知処理が
　行われるようにデザインされる。

5．コミュニケーションの結果として、（問題の解決など、言語の発達以外
　の）成果がある。

2．コンテント・ベースの教育（CBLT）と内容言語統合型学習（CLIL）

2.1 CBLT、CLIL の定義と分類

　次にコミュニカティブ・アプローチの一環として発達して来た CBLT（および CLIL）についてその意味と可能性を考えます。

　CBLT とは何を指すのでしょうか？目標言語はコンテントやテーマについて学習する手段であり、またコンテントやテーマに関する情報の吸収・整理・発信を行うことを通して目標言語を学習する教育と定義されます。1960年代のカナダにおいて、先進的な第二言語教育の方法として、イマージョン型バイリンガル教育が導入されました。これは、英語母語話者の児童に対して、国語などを除くほぼ全科目の教育をフランス語で行い、徐々に英語を媒介とする教育にカリキュラムの半分ぐらいまで変えていくもので、トータル・イマージョンと呼ばれます。導入時期は幼稚園から導入するものや、小学校の低学年、高学年などいくつかのパターンがあります。当初はフランス語でしたが、その後様々な言語、様々な形態で取り入れられるようになりました。部分的に適用される場合、例えば、科目の半分程度が第二言語で教えられる場合は、パーシャル・イマージョンと呼ばれています。図 7-1 を参照にしてください。、一口にコンテント・ベースといっても、内容重点から、言語重点

2. コンテント・ベースの教育（CBLT）と内容言語統合型学習（CLIL）

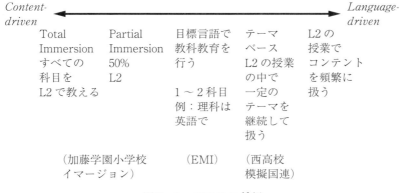

図 7-1　CBLT の種類
（中島（1998）などバイリンガル教育の文献にもとづく）

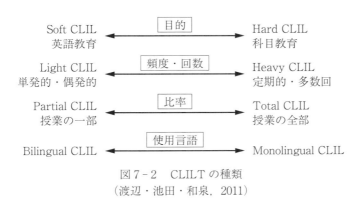

図 7-2　CLILT の種類
（渡辺・池田・和泉，2011）

まで、様々な段階があることをこの図は示しています。一方、CLIL は、「言語とコンテントの教育に、学習者の第一言語、第二言語など追加言語を使う教育的アプローチ」（a dual-focused educational approach in which an additional language is used for the learning and teaching of both content

and language.）（Coyle, Hood, & Marsh, 2010, p.1）と定義されています。CLIL
では図7-2で示すように、そのバリエーションを4本の連続線で表しており、
その上で、"hard" なものとして科目教育を、"soft" なものとして英語教育を
あげています（渡辺他，2011）。図7-1と向きは逆ですが、ほぼCBLTと同
様の分類が可能です。CBLTにおいて言語習得は付随的なのに対し、CLIL
は、言語のシラバスも組み込まれ計画的であると渡辺とそのグループ（2011）
は述べています。しかし、CBLTにも言語のシラバスがしっかり入ったもの
もありますので、やはりこの二つは共通点の方が多いように思われます。

　図7-1に戻ると、英語の授業の中で、一定のテーマを継続して扱うのが
（例：環境問題、戦争と平和）、テーマ・ベースの英語教育です。科目教育の
例として日本の学校で時々見られるのが、1～2科目単位、例えば音楽と算
数を英語で教えるというようなタイプです。イマージョンを実践するために
は、教科書の準備や教員養成などに大きな課題があるため、日本では後で紹
介する加藤学園など少数例に限られます。

　次に、幼稚園からL2で教育するという壮大な実験であるカナダのイマー
ジョン教育を進める上で基礎となった理論を見ていきましょう。

2.2　イマージョン型を中心とするCBLTの理論的基盤

　イマージョン型のCBLTの理論的基盤は、ひとつの言語で学んだ内容（概
念）はもうひとつの言語に移行するという考え方で、カミンズ（Cummins,
1980）はこれを表すために、二言語相互依存説を提案しました。図7-3に示
されるように。L1、L2のどちらの言語で学習した教科の内容も、共通の知
識と学力の基盤となることを示したのです。たとえば、英語で学習した数学
や理科の知識や読解力などが、日本語を使うときも移行し、学習の基盤とな
ること、つまりL2で学習した内容がL1で学習した場合と遜色がないことを

2. コンテント・ベースの教育 (CBLT) と内容言語統合型学習 (CLIL)

示しました。これが、カナダにおけるコンテント・ベースの第二言語イマージョン教育の基盤となったのです。

この考え方は、カミンズ (Cummins, 1984) が提案した基本的対人コミュニケーション能力 (BICS) と認知的学問的言語能力 (CALP) という概念と関連しています。Cummins は実証研究に基づき、言語能力を BICS と CALP とに分けて考えたほうが子供たちの言語発達を説明しやすいと考えました。前者は、日常的な対人接触から自然に習得されるスキルで、その文化における対人関係ルールや意味の体系、対人関係技術と関わる側面です。後者は学校教育の中で培われるような、読解力に基礎を置く比較的認知的負荷の高い活動を行うために必要な能力を指します。カミンズは異文化への移動に伴って子供が異動先の言語能力を習得していく様子を研究し、BICS では年少児が有利なのに対し、CALP では母国である程度学校教育を経た年長児が有利であることを見出しています (Cummins et al., 1984)[注4]。この点が移民の児童に対して、L1での科目教育 (いわゆる継承語バイリンガル教育) を保証すべきという主張の根拠の一つになったのです。BICS と CALP の相対的優位性を決めるのはカミンズが指摘するように L2 環境に入った年齢が重要なこと

図7-3　バイリンガルの言語能力2つの氷山モデル
Cummins (1984)

第7章　コミュニケーションと外国語教育：教育実践への展望

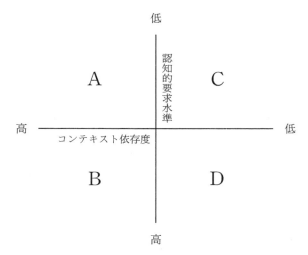

図7-4　コミュニカティブな活動のコンテキスト依存度と認知的要求水準
Cummins（1996）

は言うまでもないですが、性格要因や学習スタイルも関連すると考えられます。教室での外国語学習において、聞く・話す活動は外向的な生徒の方が内向的な学生より好む傾向にあることが指摘されました（Skehan, 1991）。このように、日常会話が得意で社交的なタイプの学習者と、読み書きは良くできるが、話す活動が嫌いというタイプなど多様な学習者が存在します。異文化への移動が伴わない外国語学習の状況では、このような性格特性や学習スタイル、それまで受けてきた指導内容に関わると思われます。いずれにしてもBICS・CALPという能力の類型は日本での外国語学習（特にCBLT/CLIL）にも当てはめることが可能な概念に思われます。

　その後カミンズはBICSとCALPの議論を精緻化し、コンテキストへの依存の度合いと認知的要求水準の2次元から成るモデルを提示しました（Cummins, 1996; 図7-4）。この図では、AがBICS、Dが、CALPに相当し

ます。そして指導の際にはAからいきなりDに進むのではなく、AからB
を経由してDに進むのが望ましいとします。この図は、現在のCLILにおい
ても、実践に向かう理論的基盤の一つとして言及されています（Coyle, et al.
2010, p.43）。

　CBLTの基盤となる考え方は、第1章の認知的アプローチ、ヒューマニス
ティック・アプローチで提唱されていた考え方に通じます。それは、まず学
習者にとって意味のある情報が最も良く学習され記憶されるということです。
また、自分で興味をもって調べたり、感情移入したことは心に残るというこ
とです。つまり目標言語で新しい知識を吸収し、目標言語で知識を紡ぎ出す
活動を通して言語の力を伸ばし、伝える手段を磨くと同時に、人に伝えたい
内容を見出す場の創造をすることでWTCや動機づけも伸ばしていくという
ことなのです。

2.3 異文化への移動と継承語教育

　家族とともに異文化に移動した子供が、親の話す祖国の言語と移住先の言
語のバイリンガルになるのは、一般に考えられているほど簡単なものではあ
りません。少数派の言語は家庭内や限られたコミュニティでのみ使われるの
で、喪失されやすく、環境言語のほうが強くなりがちです。「継承語教育」の
意義は、民族言語的バイタリティ（第4章参照）が弱く、喪失されやすい言
語を教育言語にすることで、移住者が現地語と継承語のバイリンガルになる
ことをめざすという点です。中島（1998）は、言語のバイタリティと二言語
教育の関係を、1）バイタリティが強い母語がある場合は第二言語で教育す
る、2）バイタリティが弱い母語の場合は母語で教育するという基本原則で
行うことを奨励しています。カナダの英語を母語とする学習者にフランス語
の教科教育をする場合は、1）の原則、ソマリアからカナダへの移民の子供

第7章　コミュニケーションと外国語教育：教育実践への展望

達の教科教育をソマリア語で行う場合は、２）の原則に則っているのです。

　日本において継承語による科目教育の例と言えば、朝鮮学校や中華学校、アメリカン・スクールなどがあります。それぞれ、母国の市民を作ることを目的としたカリキュラムでそれぞれの国家の言語で科目教育が行われます。最近では子供をバイリンガルにしたいと思う日本人の親が子供が通わせると言う傾向も見られます（特に英語圏の学校の場合その傾向は強いようです）。

2.4 日本における英語による科目教育の実践例と可能性

2.4.1 イマージョン型

　日本で、日本人の子供を対象に、カナダ型のイマージョン教育を始めたのが、加藤学園（暁秀初等学校）です。ここでは、私が調査をした2005年の時点では、１年生から３年生までは、国語以外は全て英語による授業。４年生から、社会、音楽、図工、体育も日本語による授業が行われていました。2017年のホームページによりますと、もう少し日本語の割合の多い、パーシャル・イマージョンが行われているようです 加藤学園のホームページでは、Box7-2 のような説明がありましたが、義務教育の場合、検定教科書を使う必要があるので、教科書をまるごと翻訳し、図表、写真・イラストやレイアウトは日本語のものと全く同じにして英語版を作成されていたのを記憶しています。この他、教員の資格や教員養成などイマージョンを実現させるには、非常に多くの難題を解決して初めて可能になるのです。指導者の強い意志とリーダーシップ、家庭の協力があって初めて可能となる実践です。

┌─ 🔊 Box7-2 加藤学園ホームページより ─────────

│　「加藤学園のイマージョン・プログラムでは、本校の児童のニーズにあわ

│　せ、独自の英語カリキュラムを発展させてきました。算数と理科の教科書

は、日本の文部科学省認定の教科書を英語に翻訳し、副読本として使用しています。同じ内容を日本語で教えなおすことはしません。しかし、毎週、算数と理科の新出単語や専門用語を日本語で復習する時間を設けています。」(加藤学園ホームページ (2006) より)」と教材の準備について紹介されていました。

2.4.2 テーマベースの英語教育

　図7-1の中で示している、テーマ・ベース英語教育の例として、京都外大西高 (Yashima & Zenuk-Nishide, 2008) が長い経験を持っています。現在は少し変わっているようですが、10年ほど前に、私がこの実践におけるデータを取っていた当時のカリキュラムでは、3年を通して7つのユニットからなり、最終的に、模擬国連のユニットにつないでいくカリキュラムとなっています。今、注目を集めている CLIL の特徴とされる計画的な言語教育を盛り込んだプログラムです。そのカリキュラムの特徴としては1)学術的な談話の組立て (academic discourse) と批判的思考力の涵養に重点がおかれていること2)ネーティブ・スピーカー中心の教員体制をとることで、ホームルームなどでも英語に触れる環境を整備していること、3)4技能別の授業においても、コンテントを統一させていること、4)4技能の計画的統合が行われ、一定の構文や語彙を選定し、どの授業においても繰り返し使うようにデザインされていること、5)概念的道具立てとして、問題の原因と結果、解決法などを (problem/cause/effect/solution) どの授業でも考えさせるように組み立てられていること、またそれらを表現する英語の語句や構文の指導も行うことなどです。プログラムの最終局面では、テーマ・ベース教育で学習したことを統合する実践として模擬国連が行われています。これについて

第7章　コミュニケーションと外国語教育：教育実践への展望

は、Box7-3 を参照してください。

🎙 Box7-3 コンテント・ベース英語学習実践例「模擬国連」

　京都外大西高等学校では、毎年他の高校を招き、英語による模擬国連（Model United Nations）を開催している。模擬国連では、国連の目的や主要機関とその仕事などに関する基礎知識を深めるとともに、生徒が国連の総会、安全保障理事会各委員会などの活動をシミュレーションする。生徒は国連加盟国の代表者の役を演じ、担当する国の利益を守りながら、世界の諸問題解決のため決議案を作成し討議していく。たとえば他国の代表者と折衝、協調、妥協、譲歩などをしながら紛争の解決策を模索する。

　京都外大西高等学校では、模擬国連を 3 年間のテーマベースの教育の仕上げと位置づけ、これに向かって様々な取り組みを行い準備をする。2 年次で「飢餓と貧困」「環境問題」「難民」「紛争」「児童の人権や労働」などに関する問題を扱った後、3 年次に模擬国連に向けた活動を開始する。

　参加者は代表国が決まると、その国の歴史、政治・経済体制、国内情勢など必要な情報の収集を行うが、リサーチの方法や情報の取捨選択などについての知識や技術も学習の一環である。その後授業で英語でのスピーチ、意見の表明方法、討議方法などについて 4 技能の統合を図りながら学習し、本番に臨む。3 日間に渡る会議で生徒は会議の進行、討議、演説、立場の明確な説明、質問の回答を生徒だけですべて英語で行う。生徒たちは会議に没頭し、英語で討議をしていることを忘れてしまうほどである。英語を使いたいという気持ちが自然に起こり、将来自分たちが何ができるかが本当に理解できるようになると指導者はその意義をまとめている（詳しくはマクレガー・前田，2003参照）。

---

3. 日本人がめざすべきコミュニケーション能力を巡って

　以上、述べたように、外国語でのコミュニケーション能力を伸ばすために
は、CBLT、CLIL などの実践を通して内容と言語を同時に教育することは効
率が良いと思えます。コントントの理解や情報の整理を通して、何について、
誰に対してコミュニケーションをしたいのかを明確にしつつ、知識と情意面
を両方同時に育てていく、そして、自らの主張や考えを明確に伝えるために
は、正確な言語能力が必要であることに気づいていくことが大事であると考
えています。これを図にしたのが、後で示す図7-5 （p.187）です。そのた
めに想像の国際コミュニティを創設する活動は、第5章でも述べたように、
L2 を使う理想自己のビジョンを持たせる上で有効であり、動機づけに効果が
あると言えるでしょう。理想自己のビジョンを持たせる活動例として、第4
章でもいくつか例をあげたので参考にしてください。第6章でブロック（Block,
2007）の言うアイデンティティ・ワークについて述べましたが、外国語教育
においてアイデンティティの揺さぶりをかける活動と理想の自己像の形成に
は共通点があります。どちらも外国語でコミュニケーションをするリアルな
場が必要ということです。L2を使う理想自己のビジョンを持つということは
将来に向けてのアイデンティティの形成であるとも言えます。

　それでは、本章後半では外国語教育がめざすべきコンピテンスについて再
考します。その後で、外国語教育、特に英語教育において、学習者が目標と
すべきコミュニケーション能力は母語話者の持つ能力であるべきなのかとい
う議論を中心に、めざすべきコンピテンスについて考えます。

3. 日本人がめざすべきコミュニケーション能力を巡って
3.1 L2 のコミュニカティブ・コンピテンスは母語話者がモデルであるべきか

　第1章で、言語運用能力を意味するコミュニカティブ・コンピテンスとい
う概念について触れましたが、日本人がめざすべき外国語のコミュニカティ

第7章　コミュニケーションと外国語教育：教育実践への展望

ブ・コンピテンスについては長い間、明確な指標がありませんでした。英語の場合は、TOEFL や TOEIC の点数、英検の合格級などを用いて、学習者の能力の水準を表すことが多いですが、最近では、EU の共通参照枠（CEFR）の翻訳版を使って、多くの観点から何ができるかということを基礎に、能力の記述やめざすべき外国語能力の明確化を画る傾向も見られるようになりました。（鳥飼，2011参照）

　L2 のコミュニカティブ・コンピテンスを論じる時に、基準となるのが母語話者のもつコンピテンスです。母語話者の持つ能力を到達点とし、それと比較して学習者を評価するのが、通常の言語能力の評価方法です。しかし、第1章でも紹介したように、クックやオルテガは、二つ目の言語の習得を、その言語の母語話者と比較して、学習者を欠陥のある話者とみなすことを強く批判します。二つの言語を持っている人の言語能力は、モノリンガルの人の言語能力と質的に異なるので、比較すべきでないとするのです。母語話者のコンピテンスをめざすことに反対する議論の背景には、グローバリゼーションの中で、「母語話者とは誰か」が不明瞭になっていること、世界の各地で、バイカルチュラル（マルチカルチュラル）な環境に育ち複雑なアイデンティティをもった二言語併用者（多言語併用者）が増えていること、英語母語話者など一定のグループの人だけに利益をもたらす可能性に対する問題提起など、ポスト・コロニアルな思潮の影響があります[注5]。クック（Cook, 1999）は、母語話者との比較で第二言語話者の能力を評価することは、あるグループの人を他のグループの人を基準に評価すべきでないという金言に反すると反発します。

　一方で、すでに第6章でも見たように、コミュニケーション調整論に基づくと相手のスタイルに近づこうとするのは、相手と接近したいという気持ちの表れです。例えば、韓国語を学習する人が、母語話者のような音声的・文

3. 日本人がめざすべきコミュニケーション能力を巡って

法的特徴をめざすことは、韓国人に近づきたいという気持ちの表れで、潤滑なコミュニケーションにつながるように思えます。母語話者をモデルにすることに対する議論が白熱するのは、主に国際語となっている英語（あるいは同様の地位を持つ言語）についてなのです。事実上の国際語となっている英語については、日本でも以前から「母語話者をモデルにするべきでない」（本名，1997）とか、英米の文化から離れた「カルチャーフリーの英語」を教えるべきだ（鈴木，1991）というような議論も聞かれれます。こういった議論はどちらかと言うと、社会政治的な観点からの議論で英語母語話者との力関係を問題にする論考（例，津田，1990）と共通するものがあります。またかつての植民地であった地域では、英語母語話者との同一化を否定する、アイデンティティの問題にも繋がります。

　しかし、現時点で母語話者のコンピテンスを基準とする従来のコミュニカティブ・コンピテンスの枠組みを簡単に否定することにも問題があります。まず、現在のところ理念的、イデオロギー的な議論の域を出ておらず、母語話者の持つコンピテンスを基準にしないコンピテンスは具体的に提示されていないということがあります。また、母語話者に近い言語使用をするほうが一般的には伝達性が増し、世界の人々に理解してもらいやすくなるという現実は否定できません。一部のヨーロッパ言語間のように語順や共通の語彙など近似性が高い言語を学習するのと違って、日本語を母語とする人が西洋語を学習する場合、学習の初期段階において、思ったことをなんとか伝達できるレベルに達するのにかなりの時間を要します。外国語として英語を学習する状況では、言語材料として「標準」をモデルとして学習しても、必然的に音声や語彙・表現の選択などにおいて「標準」を逸脱します。ですので、とりあえず初心者は「標準」をモデルとして学習し、学習の結果として学習者が習得する英語に自信を持って使うことが大事であるというのが、本書の立

183

第7章　コミュニケーションと外国語教育：教育実践への展望

場です。執拗なまでに母語話者の発音をめざさなくても、日本語の音声的特徴の影響があっても十分にコミュニケーションはできるレベルをめざせば良いのではないかと思います。たとえば、国連の歴代事務総長の中には英語を母語としない人が多いですが（例：アントニオ・グテーレス、潘基文、コフィー・アナン）、彼らの話すのを聞くと、音声的に母語話者でないことはすぐ分かりますが、語彙の選択や文法的複雑さ談話構造など極めて標準的で明解な英語を話します。最近では各界で国際的に活躍する日本人（スポーツ選手や研究者など）の英語のスピーチが文科省のホームページに紹介されています。第5章で見た、理想自己を投影できるモデルを見つけると動機づけの効果があるかもしれません。

　日常のコミュニケーションに英語が使われているインドやシンガポールの英語が、人々が意味の共有をする上で効率の良い独自性を発達させたことは注目に値し、World Englishes としての研究対象となっています（e.g., Kachuru, 1986）。ただこれも、普段の生活で英語を使わない日本のコンテキストにそのまま適用できないでしょう。もちろん国際的なコミュニケーションにおいて出会うのは母語話者とは限らないので、非母語話者の様々な英語を聞かせて慣れさせるということは必要です。一方で、どうせ学習するなら多くの人に理解してもらえる言語の種類を使う方がよい、同じ労力ならコミュニケーションの効率が良い変種を学習したいと思うのも学習者にとっては自然の気持ちでしょう。シンガポールでは、国内のコミュニケーションのために使う英語の変種と国際的な場で世界に向けて発信する標準的な英語を使い分けています。注意すべきなのは、母語話者の英語のみに「正しい」「美しい」という価値を与えることです。例えば津田（1990）が問題にしたのは学習の最終目標を英語母語話者のもつ能力に置くことにより生まれる英語母語話者との力関係です。日本人が英語を使用する上で問題となるのは、母語話

者の英語を必要以上に美化すること、そして、母語話者を基準とした相対的能力の低さに否定的な意味づけをしたり、自ら卑下したり、恥ずかしく思うという心理です。言語の表面的な形式にこだわるあまり、意思の表明や主張を控えることがあるかもしれません。そうなると本書で議論してきた外国語不安が高まり WTC が下がる原因となります。

おそらく、外国語を用いて個人や社会が何をするのか、何をめざすのかという具体的なビジョンがないままに、母語話者のもつ運用力をめざすこと自体が目的になっているのが問題なのです。運用力自体が学習の目標になっているかぎり、第二言語学習者は決してなることのできない母語話者を目標とし、その完璧な状態からどれだけ距離があるかで評価される（Cook, 1999）という状況からは開放されないのです。

しかし、すでに述べたように、初心者が習得上効率の良い指導を受けるという選択肢を取り上げるべきではないでしょう。様々な特徴を持つ複数の英語をモデルにするのは初心者にはあまり効率が良くないかもしれません。またクボタ（Kubota, 1999）が、日本文化と外国語教育の議論の中で「世界（大学・ビジネス・国際機関）は多様な言語をどの程度許容するか」「世界は "different voices" を受け入れる用意はあるのか」と問いかけたように、実際、標準的な英語を使わないで、研究者が国際ジャーナルに論文を発表できるでしょうか。標準からどの程度の逸脱であれば十分な伝達性が確保でき、コミュニケーションの効率が維持できるのでしょうか？この辺りは研究の蓄積が必要です。母語話者をモデルとしないとすれば、日本人の英語話者がめざすモデルはどこにあるのでしょう。日本人のめざす英語のコミュニカティブ・コンピテンスについては、もっと議論や研究があっても良いのではないでしょうか。

3.2 伝える内容・伝えたいという気持ちと伝えるための運用能力

　コミュニケーションの心理という観点からまとめると、本当に自分の伝えたいことを真剣に伝えようとするとき、人は意味に注目します。伝達に支障があれば問題ですが、意味が理解でき内容に惹きつけられるとき、使う言語が母語話者のようでないことはおそらくそんなに気にならないでしょう。さらに伝えたいという気持ちが強いと、できるだけ効率よく伝える言語をめざすという動機が生まれるでしょう。このことを表したのが、図7-5で、先に述べたCBLTやCLILの教育により「伝える内容をもつこと」「それを伝えたいという意思をもつこと（WTC）」「伝える手段をもつこと（言語技術）」のすべてを包括的に扱おうとすることに、意義があることになります。そしてその中でL2WTCを養い学習動機づけを高めていくことが学習の心理面からは大事となります。

　異文化を持った相手と第二言語を用いて円滑なコミュニケーションを行い、人間関係を樹立し課題を達成するためには、第1章で紹介したL2 コミュニカティブ・コンピテンスと、第2章で取り上げた異文化コミュニケーション・コンピテンス（ICC）の両方が必要です。これはバイラムの考え方にもつながりますが、この両者が必要であるということが、本書の1つの結論です。さらに、第二言語コミュニケーションの心理面を扱う本書としては、これに加え、従来のL2 コミュニカティブ・コンピテンスの定義では含めていなかった、パフォーマンス（第1章参照）に踏み込んで、日本人がめざすべき能力の提案をしたいと思います。パフォーマンスは、不安やWTCなどの影響を含んだものであり、「伝える内容をもつこと」「それを伝えたいという意思をもつこと」「伝える手段をもつこと」のすべてを包括的に扱う実践に繋がります（図7-5）。

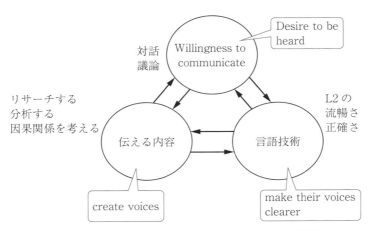

図7-5　CBLT　CLILの動機づけ・WTCへの効果

4．L2 コミュニカティブ・コンピテンスとパーフォーマンスの涵養

　第一章で、まず、SLAで考えるコミュニカティブ・コンピテンスについて、カナールとスゥエインやバックマンによる定義や、構成要素を確認しました。バイラムが、モデルを母語話者ではなく"intercultural speaker"ととらえ、コミュニカティブ・コンピテンスに異文化接触に対応できる能力を加え、目標文化の相手と円滑なコミュニケーションを行う能力として「異文化間コミュニカティブ・コンピテンス（intercultural communicative competence）」という概念を提案していることも紹介しました。

　一方、異文化コミュニケーションの分野で議論されてきた、異文化コミュニケーション・コンピテンス（(ICC)には、自分と異なったものへの受容性や相手の視点からものを見ることなど、言語を越えた態度や資質が基盤となっていることも第2章で論じた通りです。コミュニケーション学の分野では異文化トレーニングとして、自分のエスノセントリズムに気づかせたり、異なっ

た視点から行動の帰属をする訓練をしたり、また異文化の現象や人の行動を意味付与する前に記述し、判断を留保する訓練など数々の方法が開発されています（Fowler & Mumford, 1995; 八代・町・小池・磯貝，2009）。このような経験学習方法を言語教育に応用する試みはすでに行われており、異なった他者へのセンシティビティを養い、コミュニケーションのプロセスへの気づきを促す方法として評価できます。

　このICCと言語運用能力の関係についても私論を展開しました。この関係に基づくと、外国語教育がすべきことはL2 コミュニカティブ・コンピテンスを養成しつつ、目標文化においてL2 で機能できる能力を育て、同時にWTCや異文化接触の動機を育てていくことです。第2章で述べたように、文化特殊的な能力としての目標言語の能力とその文化で機能するための対人関係技術の習得を通して、文化一般的能力も養われていくと言う方向です。再度運動の比喩を用いると、個別の運動技能を育てつつ、運動の楽しさを経験し、運動をしたいという気持ちを養い、体力をつけていきます。これが次に他の運動をする上での基礎をつくるという考え方です。

　ただ英語については、ある文化や民族と結びついた言語という性格を超えて、国際語としての側面があるため、少し議論が複雑になります。そこで最後に国際語としての英語教育において養うべき「コミュニカティブ・コンピテンスとパフォーマンス」とその養成方法について述べたいと思います。

4.1 対人関係の能力と議論・交渉の能力

　私は英語教育に関わるものとして、世界の共通語となっている英語教育の目的として、「世界に響く *voices* を創る」ということを最終の目的の一つにおいています。日本人の思考や考え方が世界に届くようにするために何をすべきかは、本書を通して、WTCや動機づけの議論の中でも述べてきたつも

りです。しかし、最後に、どのようなコンピテンスをめざすべきなのか、どのような実践が可能なのか、という点にもう少し具体的に触れたいと思います。

　本章でCALPとBICSについて妥当な分類であると言いましたが、CALP・BICSを場面によって完全に分割することはできません。国際的な交渉では、相手がいる以上、対人コミュニケーション（BICS）の要素も大いにあります。一方交渉や議論を論理的に説得性をもって進めていくためには、情報の収集力、整理力、批判的思考力が必要となり、CALPが要求されます。対人コミュニケーションの側面が関係する活動には、相手の文化文法や対人関係の原理のようなものを理解する必要があり、その中には交渉や説得のスタイル、意思決定の方法なども含まれます。多くの言語使用状況で両者が必要となりますが、それぞれの側面の指導には、それに適した指導法が考えられなければならないでしょう。

　対人関係形成の能力は、直接の異文化接触を通して、他者が内面化した対人的意味の空間（箕浦，1984）を感じ取っていくことが基礎となります。一方学術・議論・交渉の能力は、一定の課題・テーマについて目標言語で学ぶというCBLT・CLILの教育を行い、その中で相手の意見を尊重し、自分の意見を表明し、問題の解決に真摯に取り組む態度と、議論の進め方やプレゼンテーションの方法、異なった意見を調整するなどの対話の技術を学んでいくことが基礎になるでしょう。日本語で学習した内容が基盤となるので、これをうまく英語学習と結びつける工夫が求められます。ここではまず対人関係形成の能力の涵養方法について、次に学術・議論・交渉の能力と分けて提案することにします。

4.2 対人関係形成の能力

　対人関係形成の側面は文化特有の部分が多いと述べました。異文化接触や移動した子供たちが異文化の「対人的意味の空間を包絡する（箕浦，1984）」ように、主に異文化接触により対人的意味の体系の理解を進めていくことを意味します。コミュニカティブ・コンピテンスとして概念化されたものの中では、社会言語学的能力や、会話のやりとりという意味での談話能力、方略能力などが対人関係形成に関わります。八島・田中（1996）では、目標文化（この場合はアメリカ）での対人関係の形成に必要な第二言語能力をソーシャル・スキルと捉えてそれがどの程度発揮されているかを調査しました。調査の中で、高校生が習得途上の未発達の言語を用いて対人形成を進めることの難しさが浮き彫りにされました。研究結果に基づき、困難さを克服するひとつの方法として、外国語教育と臨床心理学で発達したソーシャル・スキル学習を融合したプログラムを提案しました。これは、第二言語使用の自己効力感を増すことを目的に、情動面の対処を中心としたソーシャル・スキル学習プログラムです（八島，2002　Box7-4 参照）。外国語の使用を対人関係スキルと捉えるのは、異文化間対人接触を前提としている場合には有効な方法です。またソーシャル・スキルアプローチは不安の低下、抵抗感の軽減など、パフォーマンスの分野にも踏み込んだものです。（八島，2002; 八島・田中，1996参照）。しかし、目標文化の社会的相互作用のスキルを訓練する際には、以下のような配慮も必要です。

🏆 BOX 7-4

ソーシャル・スキル・トレーニングを取り入れた留学準備のための英語学習：アメリカに留学する高校生を対象として（指導方法については Viswat & Yashima, 1998 参照）

4. L2 コミュニケイティブ・コンピテンスとパフォーマンスの涵養

■ 初めての相手でも思い切って話す

ヒント：質問やコメントで会話を始めよう。相手に関係する物事を褒めるのも会話の開始には有効だ。まわりに何かコメントするものはないか探してみよう。

英語の表現例：（メニューに関して）

What's good today?

What kind of dressing is that?

Wow, your cafeteria is great.

■ 自分から進んで自分のことを話す

ヒント：その場の状況、相手との関連を考えながら、自分の身体的・精神的状態、最近の好みなどを話す。

英語の表現例：

I like American food but I miss Japanese food a lot.

I'm starving. I didn't have time for breakfast this morning.

■ 共通の話題を探して話す

ヒント：その場の状況にあった質問から始め、自分と相手の興味につないでいく。何かきっかけをさがして質問しよう。テニスラケットを持っていればテニスについて聞くというように。

英語の表現例：

Are you taking world history?

Did you see the game between Dodgers and Giants yesterday?

Did you do the homework? I spent the whole night working on my report.

You have a great sun tan. Do you spend a lot of time outdoors?

191

第7章　コミュニケーションと外国語教育：教育実践への展望

　目標文化の対人意味の世界を経験させるような学習は、その文化への関心が強く、文化の取り込みに対する心理的抵抗感も低い学習者の場合はうまくいくでしょう。しかし、目標文化への興味の低い学習者に本人の意思に反して行動の学習を進めることは、心理的緊張や不快感を生み出し逆効果になる可能性もあります。たとえば、アメリカ英語のソーシャル・スキルは、アメリカの白人中産階級における言語仕様の適切性と効果という価値を基盤とするので、外国語で対人関係に関わるスキルを教えるという場合、この価値を押しつけることになるのではないかというジレンマがいつもつきまといます。母語話者の言語使用を基準に学習者の能力を語ることを一部の研究者が問題視するとき、あるグループ、たとえば英語文化圏の白人中産階級の価値を押しつけることの意味が問われているのです（Kubota, 1999）。ソーシャル・スキルを始め、社会言語能力を身につけさせるという時に、この葛藤は常に生じますが、すでに論を展開したように、言語学習途上にある場合は、やはり比較的流通度の高いモデル、人間関係の樹立に支障のないようなパフォーマンスができるようにするという方が良いと思います。

　一方で英語を母語としない人同士が英語でコミュニケーションをする場合に必要となるソーシャル・スキルを考えてみることも有用でしょう。たとえば「お互いの文化における基本的な挨拶の習慣やマナーを説明しあう」「やり取りの中で理解できないことがあれば確認する」「疑問点はすぐに質問し、不信感が残らないようにする」「お互いに不確かな予測をしたり、不十分な情報で相手を評価しない」「相手の英語力のレベルに合わせて、使う英語を基礎的なものに調整する」というようなスキルが求められるのではないでしょうか。また、「その文化の価値観を表すような表現、英語に訳しにくい概念を原語で教え合う」、「会話の中ではその単語を原語のまま用いるようにする」なども良いでしょう。

4. L2 コミュニカティブ・コンピテンスとパフォーマンスの涵養

　共通の前提、暗黙の了解に依存できない場で、文化背景の異なった人々が、誤解を可能な限り避け、相互理解を深めるには、多くの場合、どちらかというと低コンテキスト型のコミュニケーションが要求されます。高コンテキスト文化（Hall, 1976）と言われるアジアの人が相手でも、共通の文化的前提がないので質問や説明は必要です。この意味で、相手の行動の意味を確認したり、自分の意思や気持ち、考えをことばで説明することは、日本人が文化背景の異なった人々と意味を共有する過程で必要となる基本的な方向であると思われます。

　さらに国際語としての英語という観点からは、汎用性の高いソーシャル・スキルプログラムを考察する必要があるでしょう。例えば、1）文化特定的でなく、普遍性・汎用性のあるソーシャル・スキルを選定して指導する。日本でも必要と考えられるソーシャル・スキルを英語で学習しセンシティビティを養うことは、英語を用いた対人相互作用に役立つだけでなく、日本語での対人コンピテンスの向上、ひいては新たな異文化との出会いの際に必要となる対人コンピテンスに資する可能性があります。この意味で、大坊（2003）の非言語スキルの読み取りを中心とした実践は参考になります。2）聞き方のトレーニング、アサーション・トレーニング（攻撃的にならずに自分の意図や要求を伝える）など、具体的な目標にそったトレーニングプログラムを外国語で行う。普遍的な人間関係トレーニングや、クラスのムードを良くするようなゲームなどを組み合わせたプログラムは有効でしょう。最近コミュニケーションがうまくとれない子供に対して、人間関係についての基本的なスキルを学習させようという（日本語の）プログラムが開発されています（Box7-5）。こういった試みを外国語で行うことは、翻って母語のソーシャル・スキルや対人関係能力をも磨くことにつながるでしょう。

第7章　コミュニケーションと外国語教育：教育実践への展望

> ― 🍄 Box7-5　子供を変えるソーシャル・スキル学習の提案 ―
>
> 　子供たちの人間関係の問題を、「ソーシャル・スキルの不足」と捉えることにより、素質や性格に帰属させるのを避けることができる。國分・小林・相川（1999）は人間関係を技術的に捉え、子供たちにソーシャル・スキルを教えるプログラムを提案している。たとえば、「他者の思考と感情の理解の仕方」として、相手のことばの理解の仕方、相手の表情や身振りから意図や隠されている感情を読みとる方法などを教える。「自分の思考と感情の伝え方」として、黙っていたり、不適切に伝えたのでは誤解が生じ、人間関係が崩れてしまうので、自分の考えや思いを相手に伝える方法を学習させる。「人間関係の問題を解決する方法」として、トラブルや葛藤の際、問題を明確化し解決策を考え、解決策を決定して実行するなどの一連のステップを身につけさせる。具体的な学習プログラムが提案されている。

4.3　学術・議論・交渉のための能力

　多文化共生の時代には、異グループ間の利害の調整や国際的な意思決定の場で意見交換や調整を行う局面に遭遇する機会も多くなるでしょう。そのような場で外国語を用いて効果的なコミュニケーションを行う為には、普段から意見交換や議論を行う環境を作ること、態度の形成やその表明・発表を求める場の創設が必要となります。

　平田・北川（2008）は「ニッポンには対話がない」と言う著書を書いています。対話というと、対人関係能力のようですが、対話がないとはこの場合、「意見が違って当たり前という前提から出発し、話し合いを通して違いをすり合わせたり、埋めていこうという強い伝統はない」ということをさしています。日本語でこのような経験がない学習者に英語で対話能力をつけよといっ

194

4. L2 コミュニカティブ・コンピテンスとパーフォーマンスの涵養

ても無理があるかもしれません。しかし L2 だからこそ、違う対話スペース
ができるということもあります。日本語の世界では、すでに出来上がった人
間関係が埋め込まれているが故に、自由に議論ができないこともあるかもし
れないのです。L1 のコミュニティを維持しながら、L2 でやりとりする別の
スペースを作り、第 2 のコミュニティを作り上げるような実践はできないで
しょうか。

　一つの答えはすでに述べた CBLT の教育にあります。外国語教育において
は、個々の学習者にとって必要となる語彙・表現や機能と、学習する材料の
乖離がよく指摘されます。この問題を解決するために、特に高等教育では、
学習者の学習目的を特定した上で、目的志向型のプログラム（LSP）が効果
的とされます。また、「外国語で伝える内容」「伝えようとする意思」と「伝
えるための言語」を同時に学習していく方法としては、CBLT・CLIL が有効
です。外国語学習を通して数学や理科などの教科を学習する、同時に教科学
習を通して外国語を学習するという教科ベースのアプローチや、一つのテー
マを長期的に扱い知識や議論を深めるテーマベースのアプローチを推進する
ことが効果的でしょう。CBLT では、講義とリーディングを基本としてテー
マについての知識を深めるだけでなく、リサーチ、整理、発表、議論といっ
た手続きを含んだ プロジェクトを中心に据えます。そのためには情報の収
集、整理、発表に関わるスキル面の訓練も必要となります。しかし、何をコ
ンテントとするかについては、さまざまな議論がありますが。一例として
Box7-2 を参考にしてください。

　このようなコミュニケーションの内容を中心とするアプローチにおいて、
「クリティカルな思考」はキーワードです。ここで言う「クリティカル思考」
とは相手を批判することだけに終始するような技術を指すのではありません。
ゼッタミスタとジョンソン（1996）によると、クリティカルな思考は「適切

195

第7章　コミュニケーションと外国語教育：教育実践への展望

な基準や根拠に基づく、論理的で、偏りのない思考（p.4）」です。また、ク
リティカルな思考に必要な特性として「知的好奇心」「客観性」「開かれた心」
「柔軟性」「知的懐疑心」「知的誠実さ」「筋道だっていること」「追求心」「決
断」「他者の立場の尊重」をあげています。クリティカルな思考の涵養は教育
全般に関わりますが、他者との知の融合をめざすという意味でコミュニケー
ションが基礎になると思われます。この思考を磨くことが、外国語教育にお
いて学術・議論・交渉の能力を養成する基盤になるでしょう。

　日本でも古くから実践されてきた英語のディベートは、意見や態度を形成
するために、その話題について十分なリサーチをする必要性を理解させ、意
見の提示方法を訓練し、意見の対立を人間関係の対立に持ち込まない態度を
身につける方法として注目できます。変化をし続ける世界において、変化に
適応できるような自己の変容、自己の成長をめざす学習者にとって、クリティ
カルな思考はそのひとつの可能性を提示しています。

4.4 世界に響く *voices* を創る

　本章では、これまで述べてきた外国語コミュニケーションの情意と動機の
問題を基礎に、異文化間コミュニカティブ・コンピテンスをめざす外国語教
育の可能性について論じました。つまり本書のテーマである外国語でコミュ
ニケーションをする際の心理や情意的な要因というミクロの問題を、教育と
いうマクロの実践につなぐ試みを行いました。外国語教育の目的はコミュニ
ケーションである、という言い方をしますが、それはどういうことなのか？
誰と何のために外国語でコミュニケーションをするのか？　外国語でコミュ
ニケーションをするのは日本語でコミュニケーションをするのと何が違うの
か？　これらの問いに対する教育実践からの答えの一つとして、「世界に響く
voices を創る」ことだと私は考えています。これは、個人が異文化背景を持っ

4. L2 コミュニカティブ・コンピテンスとパーフォーマンスの涵養

た友人と語り合う時の voices でもあり、自分の考えや思いを日本語では届かないコミュニティに発し、そのコミュニティにおいて（出版などを通して）公開する時の voices でもあります。すでに述べたように、日本には意見が異なっていると言う前提で、その違いを埋めていこうと言う対話の伝統がないと言われます。バフチンは「互いの差異を楽しみ、互いのイデオロギーに変更を加える対話関係をカーニバルと呼び、陽気な相対性と考えた」（田島, 2018）ということですが、他者との考えや意見や思いの違いは、そこに対話が生まれ、新たな考えが創造される、エネルギーを秘めているということです。このような対話は、異言語間、異文化間である必要はありませんが、本書で扱う、外国語コミュニケーションの世界はまさに異文化間の対話スペースが生まれる可能性を秘めているのです。声という比喩はいろいろなものを意味するからです。言語は自分を表現する声であり、自分の個性を演出する声でもあり、しかし同時に人に聞こえる声でなければならないと思うからです。人は、それぞれ違う声をもっていますが合唱によってより強い声になることもあります。そして人生経験や生きざまに裏打ちされた信念を持った声は人の心をうちます。

　外国語でコミュニケーションをしようとすることは、日本語では通じない世界と何らかの関わりを持とうとすることです。それぞれの学習者は、その個人が生きてきた経験を通して、その人なりに社会との関わりを持とうとするでしょう。その個人の経験の中で教育が与える影響は大きく、価値観の形成を助けます。外国語科目はたとえ使う技術を磨くスキル主体の教科だと主張しても、その外国語が世界でどのように位置づけられているかにより、なんらかの政治的な意味あいを持ちます。外国語教育は決して "value-free" にはなりえのです。それならば外国語教育は、単に技術を磨く科目に終わらず、その外国語を学習する意味を考えることも含めて、批判的に世界の状況を分

第7章 コミュニケーションと外国語教育：教育実践への展望

析する視点を養うべきでしょう。そうすることによりミクロの興味とマクロ
の問題をつなぐ役割をもたせるべきです。この意味で、外国語教育、特に高
等教育で扱うコンテントとして、日本や世界の現状を分析し批判的に議論す
ることに結びつくような内容を模索するべきではないでしょうか。

　若い学習者たちが生きていく世界は、経済や労働、情報のボーダレス化が
加速し、民族間の紛争が後を絶たず、環境破壊も深刻化しています。21世紀
を生きる若者は、時代の急激な変化に対応すると共に、このような地球規模
の問題を抱える世界に生きていかなければならないのです。外国語教育は、
自分がこの世界にどう関わるかという意識を持つきっかけを創っていくもの
でなければならないと思います。

Discussion

1．私たちは何のために外国語を学習するのだろうか。その言語を学習する
　ことはどのような意味があるだろうか。自分の学習してきた外国語につい
　て考えてみよう。
2．英語が国際語として様々な分野のコミュニケーションの手段として使わ
　れることのメリットと問題点を議論しよう。
3．カミンズ（Cummins,1996）による 図7-4の、A, B, C, D の活動例を考
　えてみよう。
4．異文化間コミュニカティブ・コンピテンスとその訓練法について、さら
　に議論を進めてみよう。

注

注1　ファノンが著書「黒い皮膚・白い仮面（1998）」の中で「話すとは断固として他人に対し存在すること」（p. 39）という一節を用いている。この表現を借用しながら、ここでは、コミュニケーションの前提は他者の存在を意識することであるという意味で用いている。

注2　Berry 他（1989）は、異文化適応に対する態度（acculturation attitudes）について次のようなモデルを提示している。異文化に移動した個人は自文化のアイデンティティと文化的特徴を維持することと、滞在国の人々（ホスト）と良好な関係をもつという二つの課題に直面するという。この二つの課題に対する、肯定的・否定的な回答によって、4種類の態度に分類できる。両者とも重要と考えるのが「統合（integration）」、自文化のアイデンティティの維持には積極的だが、ホストとの関係には否定的な場合は「分離（separation）」、逆に自文化のアイデンティティの維持には消極的だが、ホストとの関係には肯定的な場合は、「同化（assimilation）」、両方に否定的な場合は「周縁化（marginalization）」と呼んでいる。Berry et al. (1989) では、この4種類の中で、「統合」が最も好ましいと考える人が多いと報告している。

注3　上野は著書「近代家族の成立と終焉（1994）」の中で、外国語の習得や異文化適応の性差について、試論を展開している。アメリカに留学する大学に在学する日本人留学生の場合、女子学生のほうが、男子学生よりも語学の習得が早く成績もよい傾向があることを指摘し、これについて、女性は男性より自文化ロイヤリティーが低いという説、「女らしさの社会化」のおかげで女性は語学学習にともなう初歩的なミスをおそれずそのため上達が早いという説（男性は「メンツ」や「コケン」があって初歩的なミスをおそれがち）、性と年齢に非関与な英語文化圏では、日本女性は日本語使用の場合よりアク

ティブになれるという説などさまざまな観点から解釈を試みている。また、
「異文化体験は一種の限界状況である。そこでは男性も女性も一種の無力なマ
イノリティーと化す。そういう危機的状況にあっては、社会的には『構造的
劣性』を帯びた女性の方が、男性より有利になるという逆説がある。」(P.310)
とも述べている。

注4　その後の研究で、BICS、CALP とも年長児が有利という結果が報告さ
れている。(中島，1998参照)

注5　例えばインド人やシンガポール人の中には、英語を母語とする人たち
がいる。また文化間の移動により、親の言語を必ずしも最も自由に使えるこ
とばとしない人たちも多い。

引用文献

Abu-Rabia, S. (1997). Gender differences in Arab students' attitudes toward Canadian society and second language learning. *Journal of Social Psychology, 137,* 125–128.

Abu-Rabia, S. (1998). The learning of Hebrew by Israeli Arab students in Israel. *Journal of Social Psychology, 138,* 331–341.

Agawa, T., & Takeuchi, O. (2017). Pedagogical intervention to enhance self-determined forms of L2 motivation: Applying self-determination theory in the Japanese university EFL context. *Language Education & Technology, 54,* 135–166.

Aida, Y. (1994). Examination of Horowitz, Horowitz and Cope's construct of foreign language anxiety: The case of students of Japanese. *Modern Language Journal, 78,* 155-168.

相川充（2000）．『人づきあいの技術：社会的スキルの心理学』東京：サイエンス社

安藤昭一編（1991）．『英語教育現代キーワード事典』東京：増進堂

Apple, M. T., Falout, J., & Hill, G. (2013). Exploring classroom-based constructs for EFL motivation for science and engineering students in Japan. In M. T. Apple, D. Da Silva, & T. Fellner (Eds.), *Language learning motivation in Japan* (pp. 54–74). Bristol: Multilingual Matters.

Arnold, J. (Ed.) (1999). *Affect in language learning.* Cambridge: Cambridge University Press.

浅井亜紀子（2006）．『異文化接触における文化的アイデンティティのゆらぎ』東京：ミネルバ書房

Atkinson, D. (Ed.). (2011). *Alternative approaches to second language acquisition.* New York: Routledge.

Atkinson, J. W. (1964). *An introduction to motivation.* Princeton, NJ: Van Nostrand.

Baba, K., & Nitta, R. (2014). Phase transitions in the development of writing fluency from a complex dynamic systems perspective. *Language Learning, 64,* 1–35.

Bachman, L. F., & Palmer, A. S. (1996). *Language testing in practice: Designing and developing useful language tests.* Oxford: Oxford University Press.

Baker, S. C., & MacIntyre, P. D. (2000). The role of gender and immersion in communication and second language orientation. *Language Learning, 50,* 311–341.

Bandura, A. (1993). Perceived self-efficacy in cognitive development and functioning. *Educational Psychologist, 28,* 117-148.

ベネッセ（Benesse 教育研究開発センター）(2009).『第 1 回中学校英語に関する基本調査：生徒調査』http://benesse.jp/berd/center/open/report/chu_eigo/seito_soku/index.html 2010年12月 7 日).

Berry, J. W., Kim, U., Power, M., Young, M., & Bujaki, M. (1989). Acculturation attitudes in plural societies. *Applied Psychology: An International Review, 38,* 185–206.

Block, D. (2003). *The social turn in second language acquisition.* Edinburgh: Edinburgh University Press.

Block, D. (2007). *Second language identities.* London: Continuum.

Bochner, S., Hutnik, N., & Furnham, A. (1985). The friendship patterns of overseas and host students in an Oxford student residence. *Journal of Social Psychology, 125,* 689–694.

Bochner, S., McLeod, B. M., & Lin, A (1977). Friendship patterns of overseas students: A functional model. *International Journal of Psychology, 4,* 277–294.

Bourhis, J., & Allen, M. (2009). Meta-analysis of the relationship between communication apprehension and cognitive performance. *Communication Education, 41,* 68–76.

Boxer, D. (2002). Discourse issues in cross-cultural pragmatics. *Annual Review of Applied Linguistics, 22,* 150–167.

Brislin, R. W. (1981). *Cross-cultural encounters: Face-to-face interaction.* Oxford: Pergamon Press.

Bruner, J.S. (1960). *The process of education.* Cambridge, Mass: Harvard University Press.

Busch, D. (1982). Introversion, extroversion, and the EFL proficiency of Japanese students. *Language Learning, 32,* 109–132.

Byram, M. (1997). *Teaching and assessing intercultural communicative competence.* Clevedon: Multilingual Matters.

Byram, M. & M. Fleming. (Eds.). (1998). Language learning in intercultural perspective. Cambridge: Cambridge University Press.

Cao, Y. (2011). Investigating situational willingness to communicate within second language classrooms from an ecological perspective. *System, 39,* 468–479.

Cao, Y. (2014). A sociocognitive perspective on second language classroom willingness to communicate. *TESOL Quarterly,* 48, 789–814.

Cao, Y., & Philp, J. (2006). Interactional context and willingness to communicate: A comparison of behavior in class, group, and dyadic interaction. *System, 34,* 480–493.

Canale, M. (1983). From communicative competence to communicative language pedagogy. In J. Richards & R. Schmidt (Eds.), *Language and communication*. London: Longman.

Canale, M., & Swain, M. (1980). Theoretical bases of communicative approaches to second language teaching and testing. *Applied Linguistics, 1*, 1–47.

Chan, L., Dörnyei, Z., & Henry, A. (2015). Learner archetypes and signature dynamics in the classroom: A retrodictive qualitative modeling approach to studying L2 motivation (pp. 238–259). In Z. Dörnyei, P. D. MacIntyre, & A., Henry (eds.). *Motivational dynamics in language learning*. Bristol, UK: Multilingual Matters.

Cheng, Y., Horwitz, E. K., & Schallert, D. L. (1999). Language anxiety: Differentiating writing and speaking components. *Language Learning, 49*, 417–446.

Chomsky, N. (1965). *Aspects of the theory of syntax*. Cambridge, MA: MIT Press.

鄭喜恵・八島智子（2006）．在日韓国人の言語使用とアイデンティティー『多文化関係学』 *3* 号．pp. 142–149.

Clément, R. (1986). Second language proficiency and acculturation; An investigation of the effects of language status and individual characteristics, *Journal of Language and Social Psychology, 5*, 271–290.

Clément, R. Baker, S. C., & MacIntyre, P. D. (2003). Willingness to communicate in a second language: The effects of context, norms, and validity. *Journal of Language and Social Psychology, 22*, 190–209.

Clément, R., Dörnyei, Z. & Noels, K. (1994). Motivation, self-confidence, and group-cohesion in the foreign language classroom. *Language Learning, 44*, 418–448.

Clément, R., Gauthier, R., & Noels, K. (1993). Choix langagiers en milieu minoritaire: attitudes et identité concomitantes. *Canadian Journal of Behavioral Science, 25*, 149–164.

Clément, R. & Noels, K.A. (1992). Towards a situated approach to ethnolinguistic identity: The effects of status on individuals and groups. *Journal of Language and Social Psychology, 11*, 203–232.

Clément, R., & Kruidenier. B. (1985). Aptitude, attitude, and motivation in second language proficiency: A test of Clément's model. *Journal of Language and Social Psychology, 4*, 21–37.

Cohen, A. D., & Olshtain, E. (1981). Developing a measure of sociocultural competence: The case of apology. *Language Learning, 31*, 113–134.

Cook, V. (1999). Going beyond the native speaker in language teaching. *TESOL Quarterly, 33*, 165–209.

Covington, M. (1992). *Making the grade: A self-worth perspective on motivation and school reform*. Cambridge: Cambridge University Press.

Coyle, D., Hood, P., & Marsh, D. (2010). *CLIL: Content and language integrated learning*. Cambridge: Cambridge University Press.

Crooks, G., & Schmidt, R. W. (1991). Motivation: Reopening the research agenda. *Language Learning, 41*, 469–512.

Csizér, K., & Kormos, J. (2009). Learning experiences, selves, and motivated learning behavior: A comparative analysis of structural models for Hungarian secondary and university learners of English. In Z. Dörnyei & E. Ushioda (Eds.), *Motivation, language identity, and the L2 self* (pp. 66–97). Bristol: Multilingual Matters.

Cummins, J. (1980). Cross-lingual dimensions of language proficiency: Implications for bilingual education and the optimal age issue. *TESOL Quarterly, 14*, 81–103.

Cummins, J. (1984). *Bilingualism and special education: Issues in assessment and pedagogy*. Clevedon: Multilingual Matters.

Cummins, J. (1996). *Negotiating identities: Education for empowerment in a diverse society*. Ontario, CA: California Association for Bilingual Education.

Cummi ns, J., Swain, M., Nakajima, K., Handscombe, J., Green, D., & Tran, C. (1984). Linguistic interdependence among Japanese and Vietnamese immigrant students. In C. Rivers (Ed.). *Communicative competence approaches to language prifucuecy assessment: Research and application*. Clevedon, England: Multilingual Matters.

大坊郁夫（1982）二者間相互作用における発言と視線パターンの時系列構造.『実験社会心理学研究』, 22, 11-26.

大坊郁夫（1998）.『しぐさのコミュニケーション』東京：サイエンス社

大坊郁夫（2003）. 社会的スキル・トレーニングの方法序説 ―適応的な対人関係の構築『対人社会心理学研究』3号 pp. 1-8.

Deci, E. L., & Ryan, R. M. (1985). *Intrinsic motivation and self-determination in human behavior*. New York: Plenum.

de Saint Léger, & Storch, N. (2009). Learners' perceptions and attitudes: Implications for willingness to communicate in an L2 classroom. *System, 37*, 269-285.

Dewaele, J-M. (2007). Predicting language learners' grades in the L1, L2, L3, and L4: The effect of some psychological and sociocognitive variables. *International Journal of Multilingualism, 4*: 169-197.

Dewaele, J-M. & Furnham, A. (1999). Extraversion: The unloved variable in applied linguistic research. *Language Learning, 49*, 509-544.

Dewaele, J-M. & Furnham, A. (2000). Personality and speech production: A pilot study of second language learners. *Personality and Individual Differences, 28,* 355-365.

Dewaele, J.-M. & MacIntyre, P. D. (2016). Foreign language enjoyment and foreign language classroom anxiety: The right and left feet of the language learner. In P. D. MacIntyre, T. Gregersen, & S. Mercer (eds.). (2016). *Positive psychology in SLA* (pp.215-236). Bristol, UK: Multilingual Matters.

Diggs, N., & Murphy, B. (1991). Japanese adjustment to American communities: The case of the Japanese in the Dayton area. *International Journal of Intercultural Relations, 15,* 103-116.

Dörnyei, Z. (2001a). *Teaching and researching motivation.* Harlow: Pearson Education.

Dörnyei, Z. (2001b). *Motivational strategies in the language classroom.* Cambridge: Cambridge University Press.

Dörnyei, Z. (2005). *The psychology of the language learner: Individual differences in second language acquisition.* Mahwah, NJ: Lawrence Erlbaum.

Dörnyei, Z. (2009). The L2 motivational self system. In Z. Dörnyei & E. Ushioda (Eds.), *Motivation, language identity, and the L2 self* (pp. 9-42). Bristol: Multilingual Matters.

Dörnyei, Z., & Csizér, K. (2002). Motivational dynamics in second language acquisition: Results of a longitudinal nationwide survey. *Applied Linguistics, 23,* 421-462.

Dörnyei, Z., MacIntyre, P. D., & Henry, A. (Eds.). (2015). *Motivational dynamics in language learning.* Bristol: Multilingual Matters.

Dörnyei, Z., & Otto, I. (1998). Motivation in action: A process model of L2 motivation. *Working Papers in Applied Linguisitics, 4,* 43-69.

Dörnyei, Z., & Ryan, S. (2015). *The psychology of the language learner revisited.* London: Routledge.

Dörnyei, Z., & Ushioda, E. (2011). *Teaching and researching motivation* (2nd edition*).* London: Longman.

Duff, P. A., & Talmy, S. (2011). Language socialization approaches to seond language acquisition: Social, cultural, and linguistic development in additional languages. In D. Atkinson (Ed.). *Alternative approaches to second language acquisition* (pp. 48-72). New York: Routledge.

Eccles, J. S. & Wigfield, A. (1995). In the mind of the actor: The structure of adolescents' achievement task values and expectancy-related beliefs. *Personality and Social Psychology Bulletin, 21,* 215-25.

Ehrman, M. E. (1996). An exploration of adult language learning motivation, self-efficacy, and anxiety. In R. L. Oxford (Ed.), *Language learning motivation: Pathways to the new century* (pp. 103–131). Honolulu, HI: University of Hawaii Press.

Ellis, N. C., & Larsen-Freeman, D. (2009). Constructing a second language: Analysis and conceptual simulations of the emergence of linguistic constructions from usage. In N. C. Ellis & D. Larsen-Freeman (Eds.), *Language as a complex adaptive system*. Chichester: Wiley & Sons.

Ellis, R. (2003). *Task-based language learning and teaching*. Oxford: Oxford University Press.

Farkas, J. (1983). Japanese overseas children's American schooling experience: A study of cross-cultural transition. Unpublished doctoral dissertation, Ohio State University.

Fowler, S. M., & Mumford, M. G. (1995). *Intercultural source book: Cross-cultural training methods*. Yarmouth, ME: Intercultural Press.

Furnham, A., & Alibhai, N. T. (1985). The friendship networks of foreign students: A replication and extension of the functional model. *International Journal of Psychology, 20,* 709–722.

Furnham, A., & Bochner, S. (1986). *Culture shock*. London: Routledge.

Gardner, R. C. (1985). *Social psychology and second language learning: The role of attitudes and motivation*. London: Edward Arnold.

Gardner, R. C. (2001). Integrative motivation and second language learning: Practical issues. *Kansai University Journal of Foreign Language Education and Research, 2,* 71–91.

Gardner, R. C., & Lambert, W. E. (1972). *Attitudes and motivation in second language learning*. Rowley, MA: Newbury House.

Gardner, R. C., & MacIntyre, P. D. (1993). On the measurement of affective variables in second language learning. *Language Learning, 43,* 157–194.

ガウラン, D. S.・西田司 (1986). 『文化とコミュニケーション』東京：八朔社.

梶田正巳編 (2002). 『学校教育の心理学』名古屋：名古屋大学出版会

Giles, H., Bourhis, R.Y., & Taylor, D. M. (1977). Towards a theory of language in ethnic group relations. In H. Giles (Ed.), *Language, ethnicity, and intergroup relations* (pp. 307–348). London: Academic Press.

Giles, H., & Noels, K. A. (2002). Communication accommodation in intercultural encounters. In J. N. Martin, T. K., Nakayama, & L. A. Flores (Eds.), *Readings in intercultural communication* (pp. 117–126). Boston, MA: McGraw-Hill.

Gkonou, C., & Daubney, M., Dewaele, J.-M. (eds.). (2017). *New insights into language anxiety: Theory, research, and educational implications*. Bristol, UK: Multilingual Matters.

Gregersen, T. (2005). Nonverbal cues to the detection of foreign language anxiety. *Foreign Kanguage Annals, 38,* 388-400.

Gregersen, T., MacIntyre, P. D., Olson, T. (2017). Do you see what I feel? An idiodynamic assessment of expert and peer's reading of nonverbal language. In Gkonou, C., M. Daubney, & J.-M. Dewaele, (eds.). (2017). *New insights into language anxiety: Theory, research, and educational implications* (pp.110-134). Bristol, UK: Multilingual Matters.

Gregersen, T., & Horwitz, E. (2002). Language learning and perfectionism: Anxious and non-anxious language learners' responses to their own oral performance. *Modern Language Journal, 86,* 562-570.

Gregersen, T., MacIntyre, P. D., & Meza, M. (2014). The motion of emotion: Idiodynamic case studies of learners' foreign language anxiety. *Modern Language Journal, 98,* 574-588.

Gudykunst, W. B. (1991). *Bridging differences*. Newbury Park, CA: SAGE.

Gudykunst, W. B. (1993). Toward a theory of effective interpersonal and intergroup communication: An anxiety/uncertainty management perspective. In R. L. Wiseman & J. Koester (Eds.), *Intercultural communication competence* (pp. 33-71. Newbury Park, CA: SAGE.

Gudykunst, W. B., & Schmidt, K. L. (1987). Language and ethnic identity: An overview and prologue. *Journal of Language and Social Psychology, 6,* 157-170.

Gudykunst, W. B., Wiseman, R. L., & Hammar, M. R. (1977). Determinants of a sojourner's attitudinal satisfaction: A path model. In B. Ruben (Ed.), *Communication Yearbook* 1 (pp. 415-425). New Brunswick, NJ: Transaction/ICA.

Hall, E. T. (1976). *Beyond culture*. NY: Anchor Books.

Hammer, M. R., Gudykunst, W. B., & Wiseman, R. L. (1978). Dimensions of intercultural communication effectiveness: An exploratory study. *International Journal of Intercultural Relations, 2,* 382-393.

林日出男 (2012). 『動機づけ視点で見る日本人の英語学習：内発的・外発的動機づけを軸に』東京：金星堂

Hawes, F., & Kealey, D. J. (1981). An empirical study of Canadian technical assistance. *International Journal of Intercultural Relations, 5,* 239-258.

Henry, A., & Cliffordson, C. (2013). Motivation, gender, and possible selves. *Language Learning, 63,* 271-295.

Higgins, E. T. (1987). Self-discrepancy: A theory relating self and affect. *Psychological Review, 94*, 319–340.

平田オリザ・北川達夫（2008）．『ニッポンには対話がない』東京：三省堂

廣森友人（2006）．『外国語学習者の動機づけ高める理論と実践』東京：多賀出版

Hiromori, T. (2006). The effects of educational intervention on L2 learners' motivational development. *JACET Bulletin, 43*, 1–14.

廣森友人・田中博晃（2006）．英語学習における動機付けを高める授業実践　*Language Education & Technology, 43*, 111–126.

ホフステード，G（岩井紀子・岩井八郎訳）（1995）．『多文化世界』東京：有斐閣

本名信之（1997）．外国語教育と異文化間教育　江渕一公（編）『異文化間教育研究入門』東京：玉川大学出版部

Horwitz, E. K., Horwitz, M. B., & Cope, J. (1986). Foreign language classroom anxiety. *Modern Language Journal, 70*, 125–132.

Hymes, D. H. (1972). On communicative competence. In J. B. Pride & J. Holmes (Eds.), *Sociolinguistics*. London: Penguin.

Irie, K. & Ryan, S. (2015). Study abroad and the dynamics of change in learner L2 self-concept (pp.343–366). In Z. Dörnyei, P. D. MacIntyre, & A., Henry (eds.). *Motivational dynamics in language learning*. Bristol, UK: Multilingual Matters.

石井敏・岡部郎一・久米昭元（1987）．『異文化コミュニケーション』東京：有斐閣

磯田貴道（2009）．英語でのスピーキングに対する抵抗感の軽減．*JACET Journal, 48*, 53–66.

岩脇三良（1996）．『教育心理学への招待』東京：サイエンス社 ..

Iwawaki, S., Eysenck, S. B. G., & Eysenck, H. J. (1977). Differences in personality between Japanese and English. *Journal of Social Psychology, 102*, 27–33.

Jackson, J. (2008). *Language, identity, and study abroad: Sociocultural perspectives*. London: Equinox.

ジョンソン，K・モロウ，K（編）小笠原八重訳（1984）．『コミュニカティブアプローチと英語教育』東京：桐原書店

Kachru, B. B. (1986). *The alchemy of English: The spread, functions, and models of non-native Englishes*. Oxford: Pergamon.

Kang, S. J. (2005). Dynamic emergence of situational willingness to communicate in a second language. *System, 33*, 277–292.

Kang, D.-M. (2014). The effects of study-abroad experiences on EFL learners' willingness to communicate, speaking abilities, and participation in classroom interaction. *System, 42*, 319–332.

Kanno, Y. (2000). Kikokushijo as bicultural. *International Journal of Intercultural Relations, 24*, 361–382.

加藤春恵子（1986）．『広場のコミュニケーションへ』東京：けい草書房

Keller, J. M. (1987). Development and use of the ARCS model of instruction design. *Journal of Instructional Development, 10*, 2–10.

Kikuchi, K. (2015). *Demotivation in Second Language Acquisition: Insights from Japan*. Bristol: UK, Multilinugal Matters.

Kim, Y. Y. (1991). Intercultural communication competence: A systems-theoretic view. In S. Ting-Toomey & F. Korzenny (Eds.), *Cross-cultural interpersonal communication* (pp. 259–275). Newbury Park, CA: SAGE.

Kim, Y. Y. (2001). *Becoming intercultural*. Thousand Oaks, CA: SAGE.

Kimura, Y., Nakata, Y., & Okumura, T. (2001). Language learning motivation of EFL learners in Japan: A cross sectional analysis of various learning milieus. *JALT Journal, 23*, 47–68.

King, J. (2013). Silence in the second language classrooms of Japanese universities. *Applied Linguistics, 34*, 325–343.

Klopf, D. W. (1984). Cross-cultural apprehension research: A summary of Pacific Basin studies. In J. A. Daly & J. C. McCroskey (Eds.), *Avoiding communication: Shyness, reticence, and communication apprehension*. Beverly Hills, CA: SAGE.

Klopf, D. W., & Cambra, R. E. (1979). Communication apprehension among college students in America, Australia, Japan, and Korea. *Journal of Psychology, 102*, 27–31.

國分康孝監修、小林正幸・相川充編（1999）．『ソーシャルスキル教育で子どもが変わる』東京：図書文化社

近藤真治・ヤン・リンソン（1995）．『コミュニケーション不安の形成と治療』京都：ナカニシヤ

河野守夫・ジェニファー・ファーカス（1986）．『アメリカの日本人生徒たち：異文化間教育論』東京：東京書籍

Kormos, J., Kiddle, T., & Csizér, K. (2011). Systems of goals, attitudes, and self-related beliefs in second-language learning motivation. *Applied Linguistics, 32*, 495–516.

Kraemer, R. (1993). Social psychological factors related to the study of Arabic among Israeli high school students: A test of Gardner's socioeducational model. *Studies in Second Language Acquisition, 15*, 83–105.

Krashen, S. D. (1985). *The Input Hypothesis: Issues and implications*. New York: Longman.

Kubota, R. (1999). Japanese culture constructed by discourses: Implications for applied linguistics research and ELT. *TESOL Quarterly, 33*, 9–35.

Lantolf, J. P., & Thorne, S. L. (2006). *Sociocultural theory and the genesis of second language development.* Oxford: Oxford University Press.

Larsen-Freeman, D. (2011). A complexity theory approach to second language development/acquisition. In D. Atkinson (Ed.)., *Alternative approaches to second language acquisition* (pp. 48–72.) New York: Routledge.

Larsen–Freeman, D., & Cameron, L. (2008). *Complex systems and applied linguistics.* New York: Oxford University Press.

Lave J., & Wenger, E. (1991). *Situated learning: Legitimate peripheral participation.* Cambridge: Cambridge University Press.

LeDoux, J. (1996). *The emotional brain.* New York: Simon & Schuster.

Lee, J. S. (2002). The Korean language in America: The role of cultural identity in heritage language learning. *Language, Culture, and Curriculum, 15,* 117–133.

Lee, S. I. (2002). Redefining motivation and language anxiety: An empirical validation of psycho-educational models in an EFL context. Unpublished doctoral dissertation, Temple University Japan.

Lukens, J. (1978). Ethnocentric speech. *Ethnic Groups,* 2, 35–53.

MacIntyre, P. D. (1999). Language anxiety: A review of the research for language teachers. in D. J. Young, (Ed.), *Affect in foreign language and second language learning (pp.24–45).* Boston, MA: McGraw-Hill.

MacIntyre, P. D. (2007). Willingness to communicate in the second language: Understanding the decision to speak as a volitional process. *Modern Language Journal, 91,* 564–576.

MacIntyre, P. D. (2016). An overview of language anxiety research and trends in its development. In C. Gkonou, M. Daubney, & J.-M. Dewaele (Eds.), *New insights into language anxiety, theory, research, and educational implications* (pp. 11–30). Bristol: Multilingual Matters.

MacIntyre, P. D., Baker, S. C., Clément, R., & Conrod, S. (2001). Willingness to communicate, social support, and language-learning orientations of immersion students. *Studies in Second Language Acquisition, 23,* 369–388.

MacIntyre, P. D., Baker, S. C., Clément, R., & Donovan, L. A. (2002). Sex and age effects on willingness to communicate, anxiety, perceived competence, and L2 motivation among junior high school French immersion students. *Language Learning, 52,* 537–564.

MacIntyre, P. D., Burns, C., & Jessome, A. (2011). Ambivalence about communicating in a second language: A qualitative study of French immersion students' willingness to communicate. *Modern Language Journal, 95,* 81–96.

MacIntyre, P. D., & Charos, C. (1996). Personality, attitudes, and affect as predictors of second language communication. *Journal of Language and Social Psychology, 15*, 3–26.

MacIntyre, P. D., & Clément, R. (1996). *A model of willingness to communicate in a second language: The concept, its antecedents, and implications.* Paper presented at the 11th World Congress of Applied Linguistics, Jyväskylä, Finland (August).

MacIntyre, P. D., Clément, R., Dörnyei, Z., & Noels, K. (1998). Conceptualizing willingness to communicate in a L2: A situational model of L2 confidence and affiliation. *Modern Language Journal, 82*, 545–562.

MacIntyre, P. D., & Gardner, R. C. (1991). Language anxiety: Its relation to other anxieties and to processing in native and second languages. *Language Learning, 41*, 513–534.

MacIntyre, P. D., & Gardner, R. C. (1994). The subtle effects of language anxiety on cognitive processing in the second language. *Language Learning, 44*, 283–305.

MacIntyre, P. D., & Legatto, J. J. (2011). A dynamic system approach to willingness to communicate: Developing an idiodynamic method to capture rapidly changing affect. *Applied Linguistics, 32*, 149–171.

Maekawa, Y., & Yashima, T. (2012). Examining the motivational effect of presentation-based instruction on Japanese engineering students: From the viewpoints of the Ideal self and Self-determination theory. *Language Education & Technology, 49*, 65–92.

マクレガー・アンガス，前田久夫（2003）．模擬国連―英語の4技能習得＋国際理解＋総合的な学習―未発刊

Markus, H. R., & Kitayama, S. (1991). Culture and the self: Implications for cognition, emotion, and motivation. *Psychological Review, 98*, 224–253.

Markus, H., & Nurius, P. (1986). Possible selves. *American Psychologist, 41*, 954–969.

Martin, J. N. & Nakayama, T. K., (2000). *Intercultural communication in contexts.* Mountain View, CA: Mayfield.

Maslow, A. H. (1970). *Motivation and personality* (2nd edition). New York: Van Nostrand.

マツモト，D（1999）（三木敦雄 訳）『日本人の国際適応力』東京：本の友社

McCroskey, J. C. (1977). Oral communication apprehension: A summary of recent theory and research. *Human Communication Research, 4*, 78–96.

McCroskey, J. C. (1984). The communication apprehension perspective. In A. Daly & J. C. McCroskey (Eds.), *Avoiding communication: Shyness, reticence, and communication apprehension* (pp. 13–38). Beverly Hills, CA: SAGE.

McCroskey, J. C. (1992). Reliability and validity of the willingness to communicate scale. *Communication Quarterly, 40,* 16–25.

McCroskey, J. C., Fayer, J. M., & Richmond, V. P. (1985). Don't speak to me in English: Communication apprehension in Puerto Rico. *Communication Quarterly, 33,* 185–192.

McCroskey, J. C., Gudykunst, W. B., & Nishida, T. (1985). Communication apprehension among Japanese students in native and second language. *Communication Research Reports, 2,* 11–15.

McCroskey, J. C., & Richmond, V. P. (1991). Willingness to communicate: A cognitive view. In M. Both-Butterfield (Ed.), *Communication, cognition, and anxiety* (pp. 19–44). Newbury Park, CA: SAGe.

McMahill, C. (1997). Communities of resistance: A case study of two feminist English classes in Japan. *TESOL Quarterly, 31,* 612–622.

Mead, G. H. (1934). *Mind, self, and society.* Chicago, IL: University of Chicago Press.

箕浦康子 (1984). 『子供の異文化体験』東京：思索社

箕浦康子 (2003). 『子供の異文化体験：増補改訂版』東京：新思索社

Morita, N. (2004). Negotiating participation and identity in second language academic communities. *TESOL Quarterly, 38,* 573–601

元田静 (2005). 「第二言語不安の理論と実態」渓水社

Munezane, Y. (2015). Enhancing willingness to communicate: Relative effects of visualization and goal setting. Modern Language Journal, *99,* 175–191.

中島和子 (1998). 『バイリンガル教育の方法』東京：アルク

中村和夫 (2004). 『ヴィゴツキー心理学　完全読本』東京：新読書社

Nakata, Y. (2010). Toward a framework for self-regulated language-learning. *TESL Canada Journal, 27,* 1–10.

Nakata, Y. (2016). Promoting self-regulation through collaborative work: Insights from a multiple case study of foreign language learners. *EUROSLA Yearbook, 16,* 59–84.

中田賀之・木村裕三・八島智子 (2003) 英語学習における動機づけ：多様なアプローチに向けて『JACET 関西紀要』第 7 号、1-20.

Nishida, H. (1985). Japanese intercultural communication competence and cross-cultural adjustment. *International Journal of Intercultural Relations, 9,* 247–269.

Nishida, R. (2013). *Empirical studies of affective variables and motivational changes among Japanese elementary school EFL learners.* Tokyo: Kinseido.

西田　司（1986）．コミュニケーション不安の測定『国際関係学部研究年報』8, 109–117.

Nitta, R. & Baba, K. (2015).Self-regulation in the evolution of the ideal L2 self: A complex dynamic systems approach to the L2 Motivational Self System. In Z. Dörnyei, P. D., MacIntyre, & A. Henry (Eds.), *Motivational dynamics in language learning* (pp. 367–396). Bristol: Multilingual Matters.

Noels, K. A. (2001). Learning Spanish as a second language: Learners' orientations and perceptions of their teachers communication style. *Language Learning, 51*, 107–144.

Noels, K., A., Clément, R., & Pelletier, L. G. (1999). Perceptions of teacher communicative style and students' intrinsic and extrinsic motivation. *Modern Language Journal, 83*, 23–34.

Noels, K., A., Pelletier, L. G., Clément, R., & Vallerand, R. J. (2000). Why are you learning a second language? Motivational orientations and self-determination theory. *Language Learning, 50*, 57–85.

Noels, K. A., Pon, G., & Clément, R. (1996). Language, identity, and adjustment. The role of linguistic self-confidence in the acculturation process. *Journal of Language and Social Psychology, 15*, 246–264.

Norton, B. (2000). *Identity and language learning: Gender, ethnicity, and educational change.* London: Longman.

Onwuegbuzie, A. J., Bailey, P., & Daley, C. E. (2000). The validation of three scales measuring anxiety at different stages of the foreign language learning process: The Input anxiety scale, the Processing anxiety scale, and the Output Anxiety Scale. *Language Learning, 50*, 87–117.

大渕憲一（1992）．日本人とアメリカ人の対人葛藤　渡辺文夫・高橋順一（編）『地球社会時代をどう捉えるか』東京：ナカニシヤ出版

Ortega, L. (2009). *Understanding second language acquisition.* New York: Routledge.

Oxford, R. L. (1999). Anxiety and the language learner: New insights. In J. Arnold (Ed.), *Affect in language learning.* Cambridge: Cambridge University Press.

Oxford, R. L. (2017). Anxious language learners can change their minds: Ideas and stratgies from traditional psychology and positive psychology. In C. Gkonou, M. Daubney, & J.-M. Dewaele (Eds.), *New insights into language anxiety, Theory, research, and educational implications* (pp. 179–198). Bristol: Multilingual Matters.

Pavlenko, A., & Blackledge, A. (2004) *Negotiation of identities in multilingual contexts.* Clevedon: Multilingual Matters.

Pawlak, M., & Mystkowska-Wiertelak, A. (2015). Investigating the dynamic nature of classroom willingness to communicate. *System, 50*, 1–9.

Pawlak, M., Mystkowska-Wiertelak, A., & Bielak, J. (2015). Investigating the nature of L2 willingness to communicate (WTC): A micro-perspective. *Language Teaching Research*, 1–19. DOI: 10, 1177/1362168815609615

Peng, J. (2012). *Toward an ecological understanding of willingness to communicate in EFL classrooms in China. System, 40*, 203–213.

Peng, J., & Woodrow, L. (2010). Willingness to communicate in English: A model in the Chinese EFL classroom context. *Language Learning, 60*, 834–876.

Piaget, J. (1974). *To understand the Invent.* New York: Viking Press.

Price, M. L. (1991). The subjective experience of foreign language anxiety: Interviews with highly anxious students. In E. K. Horwitz & D. J. Young (Eds.), *Language anxiety: From theory and research in classroom implications* (pp. 101–108). Upper Saddle River, NJ: Prentice Hall

Redmond, M. V., & Bunyi, J. M. (1993). The relationship of intercultural communication competence with stress and the handling of stress as reported by international students. *International Journal of Intercultural Relations, 17*, 235–254.

Rogers, C. R. (1969). *Freedom to learn.* Columbus, Ohio: Charles Merrill.

Rossier, R. (1975). Extroversion-introversion as a significant variable in the learning of English as a second language. Unpublished doctoral dissertation, University of Southern California.

Ruben, B. D. (1976). Assessing communication competency for intercultural adaptation. *Group and Organization Studies, 1*, 334–354.

Rubin, J., & Thompson, I. (1994). *How to be a more successful language learner?* (2nd edition). Boston, MA: Heinle & Heinle.

Ryan, R. M., & Deci, E. L. (2000a). Self-determination theory and the facilitation of intrinsic motivation, social development, and well-being. *American Psychologist, 55*, 68–78.

Ryan, R. M., & Deci, E. L. (2000b). Intrinsic and extrinsic motivation: Classic definitions and new definitions, *Contemporary Educational Psychology, 25*, 54–67.

Ryan, S. (2009). Self and identity in L2 motivation in Japan: The ideal L2 self and Japanese learners of English. In Z. Dörnyei & E. Ushioda (Eds.), *Motivation, language identity, and the L2 Self* (pp. 120–143). Clevedon: Multilingual Matters.

佐伯　胖（1995）．『「学ぶ」ということの意味』岩波書店

佐伯　胖（2004）．東海大学教育研究所主催講演記録に基づく

Saito, Y., Horwitz, E., & Garza, T. (1999). Foreign language reading anxiety. *Modern Language Journal, 83*, 202–218.

San Antonio, P. M. (1987). Social mobility and language use in an American company in Japan. *Journal of Language and Social Psychology, 6*, 191–200.

Sarason, I. G., Sarason, B. R., & Pierce, G. R. (1991). Anxiety, cognitive interference, and performance. In M. Both-Butterfield (Ed.), *Communication, cognition, and anxiety* (pp. 19–44). Newbury Park, CA: SAGE.

Sasaki, M. (2007). Effects of study-abroad experiences on EFL writers: A multiple-data analysis. *Modern Language Journal, 91*, 602–620.

Sato, C. (1982). Ethnic styles in classroom discourse. In M. Hines & W. Rutherford (Eds.), *On TESOL 81*, (pp. 11–24). Washington, DC: TESOL.

Saunders, G. (1982). *Bilingual children: Guidance for the family*. Clevedon: Multilingual Matters.

Savignon, S. J. (1983). *Communicative competence: Theory and classroom practice*. Reading, MA: Addison-Wesley.

Seliger, H. W. (1977). Does practice make perfect? A study of interaction patterns and L2 competence. *Language Learning, 27*, 263–278.

Skehan, P. (1991). Individual differences in second language learning. *Studies in Second Language Acquisition, 13*, 275–298.

Skinner, B. F. (1974). *Upon further reflection*. Englewood Cliffs, N.J.: Prentice Hall.

Song, M. J. (1997). *The effects of linguistic, sociocultural, and psychological variables on Japanese and Korean ESL students' classroom oral interaction*. Paper presented at the 36th JACET Annual Convention, .

Spielberger, C. D. (Ed.). (1972). Anxiety: Current trends in theory and research, Vol. 1. New York: Academic Press.

スピルバーガー，C. D.（1983）．（池上千寿子他訳）『ストレスと不安』東京：鎌倉書房

Spitzberg, B. H. (1997). A model of intercultural communication competence. In L. A. Samovar & R. E. Porter (Eds.), *Intercultural communication: A reader* (8 th edition) (pp. 379–391. Belmont, CA: Wadsworth.

Spitzberg, B. H., & Changnon, G. (2009). Conceptualizing intercultural competence. In D. K. Deardorff (Ed.), *SAGE handbook of intercultural competence* (pp. 2–52). Thousand Oaks, CA: SAGE.

末永俊郎編（1987）．『社会心理学入門』東京：東京大学出版会

Sumner, W. G. (1940). *Folkways*. Boston, MA: Ginn Press.

鈴木孝夫（1991）．日本の英語教育への私のメッセージ　安藤昭一編『英語教育現代

キーワード事典』巻頭論文　東京：増進堂

Swain, M., & Watanabe, Y. (2012). Languaging: Collaborative dialogue as a source of second language learning. In M. Swain & Y Watanabe (Eds.), *Encyclopedia of applied linguistics*. doi: 10.1002/9781405198431.wbeal0664

Taguchi, T., Magid, M., & Papi, M. (2009). The L2 motivational self system among Japanese, Chinese, and Iranian learners of English: A comparative study. In Z. Dörnyei & E. Ushioda (Eds.), *Motivation, language identity, and the L2 self* (pp. 66–97). Bristol: Multilingual Matters.

田島充士（2018）．議論：社会構築主義の可能性：文化心理学の立場から　国際シンポジウム　『社会構築主義の視点と臨床の現場—Vivien Burr 教授をお招きして—』2018年 3 月21日　於東京大学

田中博晃・廣森友人（2007）．英語学習者の内発的動機づけを高める教育実践的介入とその効果の検証　*JALT Journal, 29*, 59–80.

田中共子（1991）．日本人学生のためのアメリカンソーシャルスキルトレーニング『広島大学留学生センター紀要』第 2 号別冊.

手塚千鶴子（1995）．異文化間対人関係 渡辺文夫 編『異文化とかかわる心理学』東京：サイエンス社

Ting-Toomey, S. (1999). *Communicating across cultures*. New York : Guilford Press.

Tomasello, M. (2003). *Constructing a language: A usage-based theory of language acquisition*. Cambridge, MA.: Harvard University Press.

鳥飼玖美子（2011）．『国際共通語としての英語』東京：講談社

津田幸男（1990）．『英語支配の構造』東京：第三書館

上淵 寿（2004）．『動機づけ研究の最前線』京都：北大路書房

上原麻子（1990）．『異文化間コミュニケーション能力は普遍的な能力か？』平成元年度科学研究費補助金（総合研究 A）研究成果報告書（研究代表者：中西昇）

上原麻子（1992）．『外国人留学生の日本語上達と適応に関する基礎的研究』平成 2 年度科学研究費補助金（一般研究 C）研究成果報告書

Ushioda, E. (1996). *Learner Autonomy 5: The role of motivation*. Dublin: Authentik.

Ushioda, E. (2001). Language learning at university: Exploring the role of motivational thinking. In Z. Dörnyei & R. Schmidt (Eds.), *Motivation and second language learning* (pp. 91–124). Honolulu, HI: University of Hawai'i Press.

Ushioda, E. (2009) A person-in-context relational view of emergent motivation, self, and identity. In Z. Dörnyei & E. Ushioda. (Eds.) *Motivation, language identity, and the self* (pp. 215–228). Bristol, Multilingual Matters.

Vallerand, R. J. (1997). Toward a hierarchical model of intrinsic and extrinsic motivation. *Advances in Experimental Social Psychology, 29*, 271–360.

Viswat, L., & Yashima, T. (1998). English teaching for social adjustment: Research and application, 『追手門学院大学英文学会論集』第 7 号, 61–79.

Vogely, A. J. (1998). Listening comprehension anxiety: Students' reported sources and solutions. *Foreign Language Annals, 31*, 67–80.

Vygotsky, L. S. (1978). *Mind and sosiety*. Cambridge, Mass: MIT Press.

Walker, C. J., & Symons, C. (1997). The meaning of human motivation. In J. L. Bess (Ed.). *Teaching well and liking it: Motivating faculty to teach effectively* (pp. 3–18). Baltimore, MA: John Hopkins University Press.

Ward, C., & Kennedy, A. (1999). The measurement of sociocultural adaptation. *International Journal of Intercultural Relations, 23*, 659–677.

Weiner, B. (1992). *Human motivation: Metaphors, theories, and research*. Newbury House, CA: SAGE.

渡辺文夫（1992）．異文化教育の方法『現代のエスプリ』299, 22–32.

渡辺良典・池田真・和泉伸一（2011）．『CLIL 内容統合型学習：上智大学外国語教育の新たなる挑戦』東京：上智大学出版

Williams, M., & Burden, R. L. (1997). *Psychology for language teachers: A social constructivist approach*. Cambridge: Cambridge University Press.

Williams, M., & Burden, R. L. (1999). Students' developing conceptions of themselves as language learners. *Modern Language Journal, 83*, 193–201.

山岸みどり・井上理・渡辺文夫（1992）．「異文化間能力」測定の試み『現代のエスプリ』299, 201–214.

Yan, J., & Horwitz, E. K. (2008). Learners' perceptions of how anxiety interacts with personal and instructional factors to influence their achievement in English: A qualitative analysis of EFL learners in China. *Language Learning, 58*, 151–183.

八島智子（1997）．外向性、内向性と外国語学習に関する一考察 ─アメリカに 留学する高校生の調査より─ *Language Laboratory, 34*, 93–105.

Yashima, T. (1998). Willingness to communicate in a foreign language: A preliminary study. *Kansai University Journal of Informatics, 9*, 121–134.

Yashima, T. (2000). Orientations and motivation in foreign language learning: A study of Japanese college students. *JACET Bulletin*, 31, 121–133.

Yashima, T. (2002). Willingness to communicate in a second language: The Japanese EFL context. *Modern Language Journal, 86,* 55–66.

八島智子（2004）．『第二言語コミュニケーションと異文化適応』東京：多賀出版

八島智子（2009）．海外研修による英語情意要因の変化：国際ボランティア活動の場合．*JACET Journal, 49*, 57–69.

Yashima, T. (2009). International posture and the ideal self in the Japanese EFL context. In Z. Dörnyei & E. Ushioda (Eds.), *Motivation, language identity, and the self* (pp. 215–228). Bristol: Multilingual Matters.

Yashima, T. (2010). The effects of international volunteer work experiences on the intercultural competence of Japanese youth. *International Journal of Intercultural Relations, 34*, 268–282.

Yashima, T., & Arano, K. (2015). Understanding EFL learners' motivational dynamics: A three-level model from a dynamic systems and sociocultural perspective. In Z. Dörnyei, P. D. MacIntyre, & A. Henry (Eds.), *Motivational dynamics in language learning*, (pp. 285–314). Bristol: Multilingual Matters.

八島智子（2014）．学習を継続するメカニズム　全国英語教育学会編『英語教育の今：理論と実践の統合』9章2節 p. 240-242.

八島智子・久保田真弓（2014）『異文化コミュニケーション論―グローバル・マインドとローカル・アフェクト』東京：松柏社

Yashima, T., MacIntyre, P. D., & Ikeda, M. (2016). Situated willingness to communicate in an L2: Interplay of individual characteristics and context. *Language Teaching Research, 22*, 115–137.

Yashima, T., Nishida, R., & Mizumoto, A. (2017). Influence of learner beliefs and gender on the motivating power of L2 Selves. *Modern Language Journal, 101*, 691–711.

八島智子・田中共子（1996）．ソーシャル・スキル訓練を取り入れた英語教育『異文化間教育』10, 150-166.

Yashima, T., & Tanaka, T. (2001). Roles of social support and social skills in the intercultural adjustment of Japanese adolescent sojourners in the USA. *Psychological Reports, 88*, 1201–1210.

Yashima, T., & Zenuk-Nishide, L. (2002). Unpublished data.

Yashima, T., & Zenuk-Nishide, L. (2008). The impact of learning context on proficiency, attitudes, and L2 communication: Creating an imagined international community. *System, 36*, 566–585.

Yashima, T. Zenuk-Nishide, L., & Shimizu, K. (2004). The influence of attitudes and affect on willingness to communicate and second language communication. *Language Learning, 54*, 119–152.

八代京子・町恵理子・小池浩子・磯貝友子（2009）．『異文化トレーニング：ボーダレス社会を生きる　改訂版』東京：三修社

You, C., Dörnyei, Z., & Csizér, K. (2016). Motivation, vision, and gender: A survey of learners of English in China. *Language Learning, 66*, 94–123.

Young, D. (1986). The relationship between anxiety and foreign language oral proficiency ratings. *Foreign Language Annals, 19,* 439–445.

Young, D. (Ed.). (1999). *Affect in foreign language and second language learning: A practical guide to creating low-anxiety classroom atmosphere.* Boston, MA: McGraw-Hill.

ゼックミスタ，E. B.・ジョンソン，J. E.（1996）．『クリティカル・シンキング』（宮本博章・道田泰司・谷口高士・菊地聡訳）京都：北大路書房

Zimmerman, B. J. (1990). Self-regulated learning and academic achievement: An overview. *Educational Psychologist, 25,* 3–17.

Zimmermann, S. (1995). Perception of intercultural communication competence and international student adaptation to an American campus. *Communication Education, 44,* 321–335.

索　引

A
ARCS　　　　　　　　　96, 97, 99
attractor state　　　　　　　　131

B
BICS　　　　　　　175, 176, 189, 200

C
CALP　　　　　　　175, 176, 189, 200
CBLT　167, 172〜174, 176, 177, 181, 186, 187, 189, 195
CDST　　　　　69, 77, 107〜109, 116
CLIL　167, 172〜174, 176, 177, 179, 181, 186, 187, 189, 195
code-switching　　　　　　　　160
communication accommodation theory　　　　　　　　　　　　157

D
dialectic approach　　　　　　　163
dissimilar others　　　　　　30, 153
Dynamic Motivational Currents　76

E
ethnocentrism　　　　　　　　153
ethnolinguistic vitality　　　　　80

F
fear of assimilation　　　　　　80
fear of negative evaluation　　　60

F
FLCAS　　　　　　　　60, 65, 68
Foreign Language Classroom Anxiety Scale　　　　　　　　　　　60

G
Goal-Theories　　　　　　　　90

I
ICC　20, 25, 32, 33, 35, 36, 156, 186〜188
Ideal L2 self　　　　　　　　101
Input-Interaction-Output　　　　4
Intended effort　　　　　　　103
intercultural speaker　　　　19, 187
investment　　　　　　　　149

L
L2-mediated identity work　　　145
L2 Motivational Self System　　100
L2WTC　115〜117, 120, 121, 124, 126〜128, 133, 134, 186
language anxiety　　　　　　43, 55

O
Ought-to L2 self　　　　　　101

P
Person-in-context relational model　100
positive psychology　　　　　66
PRCA　　　　　　　　　　50

220

R

retrodictive qualitative modeling　　108

S

Self-determination Theory　　91
Self-Discrepancy Theory　　101
Stimulated recall　　69

T

test anxiety　　60
the idiodynamic method　　129

U

Usage-based theory　　9

V

voice　　185, 188, 196, 197

W

Willingness to communicate
　　55, 69, 85, 187
Willingness to Communicate
　　115, 117, 118
World Englishes　　19, 184
WTC　　55, 69, 104, 115〜121, 123〜130,
　　133〜135, 137, 177, 185〜188

Z

ZPD　　8

ア行

アイデンティティ　5, 6, 9, 10, 21, 22, 31,
　　40, 78, 80, 92, 94, 99, 100, 105, 106, 109,

110, 112, 119, 139, 143〜152, 156, 159,
　　181〜183, 199
アイデンティティ・アプローチ　　9
アイデンティティの葛藤　　99, 105, 150
アイデンティティの変化　　110
アイデンティティへの投資　100, 105, 106
アイデンティティ・ワーク　145, 146, 181
異文化間コミュニカティブ・コンピテン
　　ス　　20, 36, 187, 196, 198
異文化間接近―回避傾向　　122
異文化間能力　　20
異文化コミュニケーション能力
　　25, 32, 33, 35, 36, 38〜40, 156
異文化接触の不安　　69, 70
イマージョン型バイリンガル教育　172
意味の共有　22, 26, 28, 31, 70, 73, 170, 184
意味の交渉　　4, 73
因子分析　　58, 59, 83
ARCS モデル　　97, 99
英語を使う自己像　　101, 102
エスノグラフィ　　96, 143, 150
エスノセントリズム
　　70, 124, 135, 153, 154, 187
L2動機づけ自己システム理論　　76
L2動機づけ自己システム論
　　77, 100〜102, 106
L2 能力の自己評価　　120, 121
L2 不安　　120, 121, 135
オーディオ・リンガル・アプローチ　1

カ行

外国語学習動機づけ　　74, 77, 86
外国語学習の動機づけ　8, 75, 111, 112

外国語教室不安測度　　　　　　　60
外国語不安 43, 55, 57〜61, 63, 68, 70, 185
回想的再現モデリング　　　　　　108
概念と機能　　　　　　　　　　　168
外発的動機　　　　　　　91, 92, 111
開放性　　　　　　　　　34, 107, 155
学習状況への態度　　　　101, 102, 121
葛藤解決方法　　　　　　　　　　142
関係性　　　　　　93, 100, 119, 129, 155
帰属理論　　　　　　　　77, 87, 88, 95
期待価値理論　　　　　　　　　86, 87
基本的対人コミュニケーション能力 175
義務自己　　　　　　　　91, 101〜104
教育的介入　　　　　　　　　　75, 95
共分散構造分析　　　120, 121, 123, 154
クリティカルな思考　　　　　195, 196
KJ 法　　　　　　　　　　　　64, 65
継承語教育　　　　　　　　　　　177
言語とアイデンティティ
　　　　　　　　　80, 147, 150, 152
行動主義心理学　　　　　1 〜3, 168, 170
コード・スイッチング　　　　　　160
国際的志向性　　85, 103, 120〜124, 126,
　　127, 134, 135, 152
国際的志向性調査項目　　　　　　123
異なった他者 30, 31, 35, 70, 120, 153, 188
コミュニカティブ・アプローチ
　　1, 5, 11, 12, 54, 55, 167, 168, 170〜172
コミュニカティブ・コンピテンス　13,
　　15, 16, 18〜20, 25, 32, 36〜40, 118, 168,
　　181〜183, 185〜188, 190, 196, 198
コミュニケーションスタイルの文化差
　　　　　　　　　　　　　　　141

コミュニケーション調整理論　　　157
コミュニケーション能力　　1, 3, 12, 19,
　　25, 32, 33, 35, 36, 38〜40, 47, 55, 106,
　　119, 123, 152, 156, 165, 168, 175, 181
コミュニケーションの自信 118, 124, 126
コミュニケーションの定義　　　25, 28
コミュニケーション不安
　　　　　　　　46〜50, 52〜54, 60, 68
コンテント・ベースの外国語教育　167
コンプレックス・ダイナミック・システ
　　ム理論　　　　　　　　　　77, 107

サ行

サジェストピディア　　　　　　　67
ジェンダー
　　　31, 83, 103, 120, 149, 151, 163, 165
刺激回想法　　　　　　　69, 128, 129
自己価値理論　　　　　　　　　　89
自己決定理論　　　　　　　　　　91
自己効力感　　35, 88, 89, 126, 140, 190
自己効力感理論　　　　　　　　　88
自己調整　　　　　　　　　　34, 92
自己調整学習　　　　　　　　　　95
自己呈示　　　　　　20, 21, 56, 64, 89
質的研究
　　69, 77, 95, 102, 104, 128, 129, 146, 147
質的な方法論　　　　　　　　　100
自発的にコミュニケーションを図る傾向
　　　　　　　　　　　　　　　85
社会化　　　　　29, 31, 47, 99, 141, 199
社会心理学的な動機づけ研究　78, 82, 94
社会文化論　　　　　　　　2, 7〜9
使用基盤モデル　　　　　9, 11, 12, 167

222

状況的 WTC	128
少数派言語	80
状態不安	44, 45, 57
象徴的相互作用論	27
自律性	93, 94
シンクロニー	159
スクリプト	155
ステレオタイプ	154, 155, 162
相互依存的自己	103
ソーシャル・スキル	
	47, 53, 54, 140, 190, 192～194
ソーシャル・スキル学習	190, 194
ソーシャル・スキル・トレーニング	
	53, 54, 190
ソーシャル・ターン	
	2, 6～9, 76, 77, 99, 107, 149

タ行

対人意味空間の獲得	30
対人関係意味空間	144
ダイナミック・カレント	76
ダイナミック・システム	10, 107
ダイナミック・システム理論	77, 99, 107
第二言語学習動機づけ	76
第二言語コミュニケーション	20, 22
対話	7, 9, 11, 30, 31, 67, 73, 105, 120,
	142, 153, 189, 194, 195, 197
他者の態度獲得	27
タスク・ベースの言語教育	167, 171
達成動機	87
達成動機理論	87
多文化社会	39, 80, 147
テーマベースの英語教育	179

テスト不安	58, 60, 68
同化	80, 148, 199
同化への抵抗	80
動機づけストラテジー	77, 96, 97
道具的動機	76, 77, 79, 82, 83, 85, 149
統合的動機	75, 76, 78～82, 85, 101, 109
投資	100, 105, 106, 109, 149
特性不安	44, 47, 57, 58

ナ行

内発的動機	91～93
内容言語統合型学習	167, 172
二言語相互依存説	174
認知的学問的言語能力	175
認知主義心理学	3
認知主義的なアプローチ	2

ハ行

パフォーマンス	14～16, 19, 45, 49,
	50, 67, 186～188, 190, 192
バイカルチュラリズム	144, 156
バイタリティ	81, 82, 161, 177
発達の最近接領域	8
パワー	29, 161
非自民族中心的態度	33～35
ビジョンの訓練	104
ヒューマニスティック・アプローチ	
	5, 6, 177
不安軽減のストラテジー	66
不安の測定	46, 50, 60, 68
フォーカス・オン・フォーム	167, 171
フォーリナートーク	159
不確実性の減少	34

複雑系理論	10, 69, 76, 107	
文化一般的能力	39, 188	
文化化	29, 32, 143	
文化的実践	102	
文化特定的能力	39	
文化文法	30, 32, 37, 40, 144, 145, 189	
弁証法的アプローチ	162, 163	
方略能力	15, 17〜19, 190	
母語話者のコンピテンス	182, 183	
ポジティブ心理学	66	

マ行

マルチコンピテンス	20
民族言語的アイデンティティ	121, 148

民族言語バイタリティ	80, 81
民族的アイデンティティ	
	112, 119, 148, 150
模擬国連	105, 110, 134, 173, 179, 180
目標理論	77, 86, 90, 91

ヤ行

有能性	93

ラ行

ランゲージング	8
理想自己	
	91, 101〜104, 106, 122, 127, 181, 184

八島智子（やしまともこ）

関西大学名誉教授

神戸市外国語大学大学院修士課程修了、岡山大学大学院博士課程修了。博士（文化科学）。専門は応用言語学（第二言語習得の情意面）、異文化コミュニケーション論。主な著書に『第二言語コミュニケーションと異文化適応』（単著：多賀出版）、『外国語コミュニケーションの情意と動機』（単著：関西大学出版部）、『異文化コミュニケーション論―グローバル・マインドとローカル・アフェクト』（久保田真弓氏と共著、松柏社）。主な論文に、Influence of attitudes and affect on willingness to communicate and L2 communication. (2004) *Language Learning*, 54; The effects of international volunteer work experiences on intercultural competence of Japanese youth. (2010) *International Journal of Intercultural Relations*, 34; Influence of learner beliefs and gender on the motivating power of L2 Selves (2017) *Modern Language Journal*, 101; Situated willingness to communicate in an L2: Interplay of individual characteristics and context. (2018) *Language Teaching Research*, 22. などがある。またDörnyei, & Ushioda (eds.) *Motivation, language identity and the L2 self* (Multilingual Matters, 2009) やDörnyei, MacIntyre & Henry (eds.) *Motivational Dynamics in Language Learning* (Multilingual Matters, 2015) にも論文を掲載している。

外国語学習とコミュニケーションの心理
研究と教育の視点

2019年3月1日　第1刷発行
2023年7月20日　第3刷発行

著　者	八 島 智 子
発行所	関 西 大 学 出 版 部
	〒564-8680 大阪府吹田市山手町3丁目3番35号
	電話 06(6368)1121 ／ FAX 06(6389)5162
印刷所	株式会社 図書印刷 同　朋　舎
	〒604-8457 京都市中京区西ノ京馬代町6-16

© 2019 Tomoko YASHIMA　　　Printed in Japan

ISBN 978-4-87354-687-2　C3082　　落丁・乱丁はお取替えいたします。

JCOPY ＜出版者著作権管理機構　委託出版物＞
本書の無断複製は著作権法上での例外を除き禁じられています。複製される場合は、そのつど事前に、出版者著作権管理機構（電話03-5244-5088、FAX 03-5244-5089、e-mail: info@jcopy.or.jp）の許諾を得てください。